AF756492

ARA Editores

Ediciones Olejnik

Gianmaria Ajani / Michele Graziadei

Derecho Comparado y Teoría jurídica

Gianmaria Ajani

Rector y profesor ordinario de
Derecho privado comparado
y Derecho chino
de la Universidad de Turín

Michele Graziadei

Profesor ordinario de Derecho
privado comparado
de la Universidad de Turín

Derecho Comparado y Teoría jurídica

ARA Editores

Ediciones Olejnik

BIBLIOTECA DE DERECHO COMPARADO Y SISTEMAS JURÍDICOS

CARLOS ANTONIO AGURTO GONZÁLES
SONIA LIDIA QUEQUEJANA MAMANI
Coordinadores

1ª edición

© ARA Editores E.I.R.L.
Géminis 701 Dpto. 301-B Lima 39 - Perú
Telefax: (511) 4283318
E-mail: araeditores@yahoo.com
Web site: http://www.araeditores.com

© Ediciones Olejnik
Huérfanos 611, Santiago-Chile
E-mail: contacto@edicionesolejnik.com
Web site: http://www.edicionesolejnik.com

ISBN: 978-956-7799-42-8

Diseño de Carátula: Ena Zúñiga
Diagramación: Luis Sierra Cárdenas

Impreso en Argentina 2017 Printed in Argentina

Índice

El Derecho Comparado, la Historia del Derecho y la holística en el estudio de las culturas jurídicas

Michele Graziadei

Derecho Comparado y Derecho internacional

Gianmaria Ajani

Trasplantes jurídicos y las fronteras del conocimiento jurídico
Michele Graziadei

Una mejor coherencia del Derecho privado de la Unión Europea y el pluralismo lingüístico: ¿dos principios opuestos?
Gianmaria Ajani

La «Rule of Law» en China
Gianmaria Ajani

El Derecho Comparado, la Historia del Derecho y la holística en el estudio de las culturas jurídicas*

Michele Graziadei

* Traducción al idioma castellano, autorizada por el autor, de Sonia Lidia Quequejana Mamani.

1. Introducción

¿Cuál puede ser hoy la relación entre el Derecho Comparado y la Historia del Derecho? En una época de disciplinas altamente especializadas[1] la pregunta no tiene una respuesta obvia, y por tanto requiere ser afrontada nuevamente[2]. Las páginas siguientes presentan algunos argumentos que pueden contribuir a reforzar el dialogo entre los comparatistas y los historiadores del Derecho.

---

[1] Cuando la historia del Derecho se afirmaba en Inglaterra como disciplina académica F.W. MAITLAND, el santo patrono de los historiadores ingleses, proclamaba «history involves comparison»: MAITLAND, F.W., «Why the History of English Law is Not Written», en *The Collected Paper of Frederic William Maitland*, editado por H.A.L. Fisher, I, Cambridge, 1911, pp. 480 y ss., p. 488. En aquella época, MAITLAND no era el único que cultivaba este pensamiento. DONAHUE, «Comparative Legal History in North America», en *Tijdschrift voor rechtsgeschiedenis* (TR), 1997, pp. 1 y ss., pp. 9 y ss., teme que las investigaciones histórico-comparadas en el campo jurídico corran el riesgo de no estar a la altura de los elevados estándares profesionales de la historiografía moderna. El riesgo es sin duda desprovisto. Como recuerda DONAHUE, MAITLAND por ser el primero no era consciente de ello. ¿Pero los exigentes estándares historiográficos a los cuales DONAHUE se refiere son en verdad satisfechos cuando el historiador especialista de un área ignora las fuentes de la cual avalarse sólo porque estas están en relación a aéreas geográficas diferentes de aquella a la cual él estaba mayormente familiarizado? Sobre el tema véase los ensayos recogidos en ROSSI, Pietro (dir.), *La storia comparata,* 1990.

[2] En 1998 el tema ha sido objeto de las ponencias presentadas al XV Congreso Internacional de Derecho Comparado, desarrollado en Bristol en 1998 (sect. I.A.). Cfr. HILAIRE, «La place de l´histoire du droit dans l´enseignement et dans la formation du comparatiste», en *Rev. int. dr. comp.,* 1998, pp. 319 y ss.; REIMANN y LEVASSEUR, «Comparative Law and Legal History in the United States», en BERMANN, Georges A. y SYMEONIDES, Symeon C., «American Law at the End of the 20th Century: U.S. National Reports to the XVth International Congress of Comparative Law», en 46 *American Journal of Comparative Law* (AJCL), 1998, Supplement, pp. 1 y ss. Precedentemente es de recordar los vivaces diálogos entre Rodolfo SACCO y Maurizio LUPOI, *Comparazione giuridica e storia del diritto,* y entre Pier Giuseppe MONATERI y SACCO, «Il diritto comparato e le atre scienze», en SACCO, Rodolfo, *Che cos´é il diritto comparato,* 1992, pp. 23 y ss. En cuanto a la extraordinaria lección de Gino GORLA, véase más adelante la tercera sección de este ensayo.

En efecto, si bien el nacimiento de la historiografía moderna se debe mucho a la comparación en el campo del Derecho[3], los historiadores del Derecho no hacen uso habitualmente del aporte del Derecho Comparado. Por otra parte, los estudios de Derecho Comparado se concentran más en el presente, sin conceder mucha importancia a la dimensión Histórica del Derecho.

Naturalmente el cuadro que tenemos frente a los ojos, presenta excepciones notables y loables, podría decir más frecuentemente en Italia que en otros lugares. Sin embargo, el nexo entre el Derecho Comparado y la Historia del Derecho, nexo que ha sido resaltado precedentemente[4], raramente es tenido en cuenta por la mayoría de los historiadores del Derecho y comparatistas.

No pretendo examinar las razones de este estado de cosas. Me limitaré a resaltar que, por lo menos en Europa, la Historia del Derecho comparte el destino del Derecho Comparado. La literatura jurídica que se dedica a la exposición del derecho, hace una pobre referencia a ambos o bien están totalmente ausentes. El estudio del derecho vigente conduce, sin el auxilio de la historia y de la comparación, a la producción de un conocimiento pobre e incompleto del derecho que vivimos. Este último aspecto nos introduce al problema al cual están dedicados las siguientes páginas. ¿Cómo puede la comparación jurídica contribuir al estudio de la Historia del Derecho, y junto a ella, cómo puede favorecer la mejor comprensión del derecho?

La comparación jurídica puede influenciar la práctica y el estudio histórico del Derecho en al menos tres modos.

En primer lugar, el estudio comparado de los hechos históricos puede ayudar a identificar las causas de determinados eventos. A

---

3 KELLEY, Donald R., *Foundations of Modern Historical Scholarship, Language, Law and History in the French Renaissance*, Nueva York, 1970; ID., *History, Law and the Human Sciences: Medieval and Renaissance Perspectives*, Londres, 1984; POCOCK, Jhon G. A., *The Ancient Constitution and the Feudal Law. A study of English Historical Thought in the Seventeenth Century*, repr. con retrospectiva, Cambridge, 1987.

4 Cfr. recientemente, KOETZ, Von *Betraig der Rechtsgeschichte zu den modernen Aufgaben der Rechtvergleichung*, en CARONI, Pio y DILCHER, Gerhard (dir), *Norm und tradition - Welche Geschlichkeit fuer die Rechtsgeschichte*, 1998, p. 153; ID., «Was erwartet die Rechtsvergleichung von der Rechtsgeschichte?», en *Juristenzeitubg*, 1992, pp. 20 y ss.

veces, esto es entendido como el único uso apropiado de la comparación en el campo de la historiografía jurídica. Es fácil simpatizar con esta opinión, pero existen óptimas razones para considerar que, por el contrario, ésta sea sólo una de las opciones de las cuales dispone quien pretenda hacer uso de la comparación en el campo histórico.

En segundo lugar, la comparación jurídica puede ayudar al historiador a percibir en qué medida el derecho se ha formado a través de la circulación y préstamos de modelos, muy a menudo recíprocos, que han superado las fronteras.

En tercer lugar, la comparación jurídica puede servir a analizar atentamente la fuerza y la debilidad de las diversas tradiciones historiográficas nacionales.

En este ensayo, me concentraré en el segundo y tercer aspecto de la relación entre el Derecho Comparado y la historiografía jurídica.

2. Comparación jurídica, circulación de los modelos e Historia del Derecho

Los historiadores del Derecho conocen bien que las instituciones, la doctrina y los principios jurídicos presentes en un determinado territorio, pueden tener sus raíces en otros lugares.

Considerando la época anterior a la entrada en vigor de los códigos civiles, éste fenómeno ha sido comprobado en modo evidente por la difusión del Derecho romano en la Europa medieval[5]. En tiempos más recientes, la entrada en vigor de los códigos civiles en países con diferente estructura socio-económica[6], además de la expansión en larga medida del *common law*[7], obliga al historiador del Derecho a valorar la circulación de modelos jurídicos en escala mundial.

---

[5] La serie *Ius Romanum Medii Aevi* intentaba otorgar un cuadro conjunto de la materia, pero ha quedado incompleto. La literatura sobre la materia es ahora tan vasta que no podría ser totalmente mencionada en esta nota.

[6] CARONI, Pio, *Saggi sulla storia della codificazione*, 1998. Respecto a la difusión del modelo francés: AA.VV., *La circulation du modèle juridique français*, 1994. Para un análisis global: ZWEIGERT, Konrad y KOETZ, Hein, *An Introduction to Comparative Law*, I, 2ª ed., tradución al cuidado de Tony Weir, 1987, cap. 8, pp. 100 y ss., 159 y ss., 184 y ss.; WATSON, Alan, *The Making of the Civil Law*, 1981, cap. 8, esp. pp. 121 y ss.

[7] Cfr. SCHLESINGER, Rudolf B., BAADE, Hans W., HERZOG, Peter E., WISE y Edward M., *Comparative Law. Cases - Text - Materials*, 6ª ed., 1998, pp. 292 y ss.; ZWEIGERT / KOETZ (n. 6) I, cap. 18, pp. 226 y ss.

Sin embargo, desde el punto de vista del comparatista es lícito preguntarse si los historiadores del Derecho efectivamente han explorado todas las implicaciones que comportan el cambio producido por la circulación de los modelos jurídicos[8]. ¿Es posible que futuras investigaciones históricas inspiradas del difusionismo conduzcan a nuevos descubrimientos? Tal vez sí, con tal que se esté dispuesto a admitir que la circulación de los modelos jurídicos pueda haber tenido lugar superando confines impensables.

A propósito, los ejemplos más notorios para mí, conciernen las relaciones entre el mundo del *civil law* y del *common law*. Obviamente, la tesis central de los ejemplos que siguen, puede ser puesta a prueba respecto a áreas geográficas y épocas no examinadas en este artículo.

No buscaré ofrecer un cuadro completo de los resultados ya obtenidos en el estudio de las relaciones mencionadas. Me limitaré a mencionar algunas investigaciones que muestran la posibilidad de repensar capítulos íntegros de la historia jurídica a la luz del análisis histórico -comparativo, conducida a las instituciones y reglas, que muchos consideran ser producto de precedentes ingleses, decisiones de Cortes inglesas, según el Derecho inglés.

Analizando el derecho de los contratos, merece atención en primer lugar, el estudio comparado dedicado a los orígenes de la llamada

---

[8] El estudio de las características generales del fenómeno está ligado a los nombres de Alan WATSON y Rodolfo SACCO. Entre los trabajos de WATSON pueden verse: WATSON, Alan, *Legal Transplants, An Approach to Comparative Law*, 1ª ed., 1974, 2ª ed., 1993; ID., *Society and Legal Change*, 1977; ID., *Sources of Law, Legal Change and Ambiguity*, 1984; ID., *The Evolution of Law*, 1985; ID., «Aspects of Reception of Law», en *44 AJCL 335*, 1996, p. 335. Entre las contribuciones de SACCO: ID., «Définitions savantes et droit appliqué dans les systèmes romanistes», en *Revue Internationale de Droit Comparé (RIDC)*, 1965, pp. 827 y ss.; ID., «Modèles français et modèles allemands dans le droit civil italien», en *RIDC*, 1976, pp. 225 y ss.; ID., «Introduzione al diritto comparato», 1ª ed., 1980, 5ª ed., en *Trattato di diritto comparato diretto da Rodolfo Sacco*, 1992; ID., «La circulation des modèles juridiques, Rapport general», en *Académie internationale de droit comparé, Rapports généraux, au XIII congrès international*, Montreal, 1990, 1992, pp. 1 y ss. Para una comparación de las posiciones de estos dos autores: FERRERI, «Assonanze transoceaniche», en *Quadrimestre*, 1993, pp. 172 y ss.; MONATERI, «The»Weak Law»: Contaminations and Legal Cultures», en *Italian National Reports to the XVth International Congress of Comparative Law*, 1998, pp. 83 y ss., especialmente pp. 90 y ss. Sobre las tesis de WATSON puede también verse a EWALD, «Comparative Jurisprudence (II): The Logic of Legal Transplants», en *43 AJCL*, 1995, p. 489.

mailbox rule, relativa a la conclusión del contrato entre personas ausentes. Según el Derecho inglés, el contrato entre personas ausentes, se concluye por carta en el momento en el cual el aceptante envía la aceptación, y no cuando es recibida por el proponente[9]. Los *common lawyers* consideran que esta regla es una excepción al principio general que rige la conclusión del contrato. Por lo tanto, la *mailbox rule* es presentada a menudo como una peculiaridad del Derecho inglés[10]. Ahora, parece que la *mail box rule* se encuentra en plena sintonía con la *communis opinio* del *ius commune* y con las decisiones de los Tribunales de Italia pre-unitaria[11].

Del mismo modo, los orígenes de la *undisclosed principal doctrine* pueden ser encontrados en el área romanística.

Según esta última *doctrine,* aunque el *agent* no tenga a menudo el nombre del *principal,* éste puede actuar y ser parte en un juicio en base al *contract* concluido entre el tercero y el *agent,* en los límites del

---

9 *Adams v. Lindsell* (1818) 1 B. & Ald. 680 = 106 E.R. 250. Sobre esta regla, en perspectiva comparada, Koetz, Hein y Flessner, Axel, *European Contract Law,* vol. 1, de Hein Koetz, traducción de Tony Weir, 1997, p. 22: «...is far from obvious why an acceptance should be effective any earlier than an offer or any other declaration of intention»; veáse, sin embargo, también a Von Meheren, Arthur T., «The Formation of Contracts», en *International Encyclopedia of Comparative Law,* VII, cap. 9, 1992, pp. 106 y ss.

10 Cfr. Eörsi, «Problems of Unifying Law on the Formation of Contracts for the International Sale of Goods», en *27 AJCL,* 1979, pp. 311 y ss., 315, 317; Zweigert / Kötz (n. 6), II, p. 38.

11 Carlini, «La formazione del contratto tra persone lontane: un aspetto della revisione della comparazione tra common law e civil law, nel quadro di un diritto comune», en *Rivista trimestrale di diritto e procedura civile,* 1984, pp. 114 y ss. Según los estudios de Carlini el *ius commune* recogia una regla análoga a aquella que es considerada hoy *«far from obvius»* por parte de renombrados comparatistas. Precedentemente, Simpson, «Innovation in Nineteenth Century Contract Law», en *91 Law Quartely Review,* 1975, pp. 247 y ss., 261 y ss. y Nussbaum, «Comparative Aspects of Anglo-American Offer and Acceptance», en *36 Columbia Law Review,* 1936, pp. 920 y ss., 922. Habían esbozado la posibilidad estudiada por Carlini. Recientemente, Gordley, James, *The Philosophical Origins of Modern Contract Doctrine,* 1991, pp. 45 y ss., discute la Doctrina de los glosadores y de los post glosadores sobre este punto; Goodrich, Peter, *Oedipus Lex, Psychoanalysis, History, Law,* 1995, pp. 198 y ss., 205 y ss. cita a Swinburne, Herny, *A Treatise of Spousals, or Matrimonial Contracts,* 1ª ed., Londres, 1711, p. 63. Este último se ocupa del argumento en relación al matrimonio contraído *inter absentes.* Sobre esta figura de Swinsburne: Baker, John H., *Monuments of Endless Labours: English canonists and their Work,* 1300-1900, 1998, pp. 57 y ss.

poder a este último conferido[12]. La posición jurídica del *undisclosed principal* contrasta innegablemente con los principios del *privity of contract,* según el cual quién es parte del *contract* sufre los efectos. Aunque como excepción, la mencionada doctrina es inusual, desde momento que el *principal* no se limita a adquirir derechos, sino también tiene responsabilidad frente a terceros[13].

En la perspectiva histórica, sin embargo, las reglas que se encuentran en el nombre de «*undisclosed principal doctrine*» difícilmente pueden ser consideradas una peculiaridad inglesa. En efecto, estas corresponden a reglas que han dejado huellas en algunos códigos continentales[14], que eran parte integrante del *ius commune*[15].

Tiempo atrás, la idea que el desarrollo de la acción contractual en Inglaterra, encontrando su propia matriz en *forms of actions* de huella delictual, no ha tenido correspondencia en Europa continental, debe ser reconsiderada después de haber examinado las fuentes pertinentes del Derecho civil[16] y canónico[17]. Los estudios históricos-comparados dedicados a la materia, muestran, en efecto que la tendencia a sancionar el incumplimiento dolo del acuerdo a través de acciones no reconducibles al conjunto de las acciones contractuales, era ya utilizado en el Continente Europeo ya en siglo XIII, cuando se trataba de dar efecto al pacto nulo.

---

12 Para la presentación y análisis de la regla véase *Bowstead and Reynolds on Agency,* 16ª ed. por Francis M. B. Reynolds, 1996, pp. 408 y ss. GRAZIADEI, *Diritti nell'interesse altrui - Undisclosed agency e trust nell' esperienza giuridica inglese,* Trento, 1996.

13 *Bowstead and Reynolds* (n. 12), p. 410.

14 Cfr. el Código de Comercio español, art. 287: «El contrato hecho por un factor en nombre propio, le obligará directamente con la persona con quien lo hubiere celebrado; mas si la negociación se hubiere hecho por cuenta del principal, la otra parte contratante podrá dirigir su acción contra el factor o contra el principal».

15 LUPOI, «Elementi di "civil law" nell "agency": la terminología», en *Foro italiano,* 1980, V, c. 137; ID., «Agency», en *Enciclopedia giuridica,* I, 1988. Cfr. MUNDAY, «A Legal History of the Factor», en *6 Anglo-American Law Review,* 1997, p. 221.

16 GRAZIADEI, «Il patto e il dolo», en *Scritti in onore di Rodolfo Sacco,* I, 1994, pp. 587 y ss.

17 HELMOLZ, «Assumpsit and Fidei Laesio», en *91 Law Quartely Review* (*LQR*), 1976, p. 406; ID., «Contracts and the Canon Law», en BARTON, John (dir.), *Towards a General Law of Contract,* 1990, pp. 49 y ss. MONATERI, *L'accordo nudo,* en *Scintillae Iuris - Studi in memoria de Gino Gorla,* III, Milán, 1994, pp. 1967 y ss.

Todos estos ensayos afrontan particulares aspectos de la historia del *law of contract* inglés para demostrar que el Derecho inglés es mucho menos insular de cuanto se reputa comúnmente. Sin embargo, ya que la investigación sobre el Derecho inglés ha ofrecido la oportunidad de descubrir episodios olvidados de *nuestra* historia, estos extensos estudios ocupan interés también en el estudioso de la Historia del Derecho en Europa continental. Otros estudios más generales, relativos al derecho de los contratos o de las obligaciones, muestran que el tema no ha impedido la circulación de los modelos, mucho menos en la época de los Estados nacionales[18]. Me refiero a los trabajos de Gordley[19], Simpson[20] y Zimmermann[21].

Ciertamente, se podría sostener que el derecho de los contratos tiene por su naturaleza vocación cosmopolita[22], y que los resultados obtenidos por medio de las investigaciones dirigidas en este sector, no tienen equivalente en otros campos. La réplica al mencionado argumento es, sin embargo, muy fácil.

No podemos saber qué cosa se nos escapa hasta que no tengamos un conocimiento preciso de cuando ha sucedido en otros sectores del Derecho. Hasta aquel momento, podemos sólo confiarnos a especulaciones, más bien a aspectos pobres respecto al conocimiento basado en el estudio histórico-comparado. En segundo lugar, las investigaciones histórico-comparatistas conducidas sobre el aspecto de la responsabilidad extracontractual y de los derecho reales, demuestran que estos campos son muy prometedores en el derecho de los contratos, por lo menos a juzgar por las investigaciones de las cuales ya disponemos[23]. En verdad, el estudio de Lupoi sobre las raíces

---

18 Simpson (n. 11).

19 Gordley, *The Philosophical Origins of Modern Contract Doctrine*, 1991.

20 Simpson (n. 11).

21 Zimmermann, Reinhard, *The Law of Obligations, Roman Foundations of the Civilian Tradition*, 1990.

22 Este es un tema recurrente en la literatura dedicada al contrato. Cfr. recientemente, Berger, «International Arbitral Practice and the UNIDROIT Principles of International Commercial Contracts», en *46 Am. Jo. Comp. L.*, 1998, pp. 129 y ss., 132.

23 Sobre la historia del *tort of defamation*: Helmholz, Richard H., *Select Cases on Defamation to 1600*, Selden Society Publications, vol. 101, 1985. Acerca del *tort of negligence*, para una primera aproximación Elliot, «Degrees of Negligence», en *6 Southern California Law Review*, 1993, p. 91. Sobre el trust y la confianza

del mundo jurídico europeo[24] otorga nuevas luces sobre el entero problema de los orígenes de la distinción entre el Derecho inglés y los sistemas jurídicos continentales.

¿Vivimos ahora, por lo tanto, en el mejor de los mundos posibles? Esta conclusión sería apresurada.

Las investigaciones arriba citadas representan, sin embargo, la excepción a la regla. Algunas de ellas no confrontan en modo explícito dos o más sistemas jurídicos, para formular conclusiones comparativas. Sin embargo, son también siempre conducidas bajo la guía de un diferente sistema jurídico, el que ciertamente constituye la base de cada comparación.

Otra crítica que a veces es formulada contra estos estudios es que son excesivamente limitados[25]. Son limitados ciertamente. Pero son limitados como las investigaciones sobre los sistemas de parentela que son circunscritas respecto a la antropología en su conjunto. Por otra parte, ninguno sostiene que el estudio de los sistemas de parentela deba ser abandonado sólo por esta razón. La alternativa a los mencionados estudios es a menudo la vacuidad del discurso, cuando no a su total desconfianza. Además de limitados, los estudios dedicados a particulares aspectos de algunas ramas del derecho, deben ser seriamente puestos en consideración, sobre todo, por aquellos que consideran que la evolución del derecho dependa prevalentemente de factores socio-económicos. Obviamente, las investigaciones sectoriales no agotan, en efecto, el campo de la comparación jurídica, la cual puede de por si

véase ahora el volumen colectivo publicado al cuidado de HELMHOLZ, Richard H. y ZIMMERMANN, Reinhard (eds.), *Itinera fiduciae*, 1999. Respecto a los temas generales relativos a los Derechos reales. CANDIAN, Albina, GAMBARO, Antonio y POZZO, Barbara, *Proppriеté, Property, Eigentum*, 1992 (a los cuales remito para consulta de la literatura más reciente de la materia); MEIJERS, «La realité et la personalité dans le droit du nord de la France et dans le droit anglais», en MEIJERS, E. M., *Etudes d' histoire du droit*, I, editado por R. Feenstra et H.F.W.D. Fisher, 1956, pp. 228 y ss. A propósito de las garantías inmobiliarias: HERMAN, Shael, *Medieval Usury and the Commercialization of Feudal Bonds*, 1993. Un vasto programa de investigación, que incluye otros instituciones y sectores del Derecho, ha sido elaborado por GORLA y MOCCIA, «A 'Revisiting' of the Comparison between 'Continental law' and 'English Law' (XVI-XIX Century)», 1981, *Journal of Legal History*, p. 147.

24 LUPOI, Maurizio, *Alle radici del mondo giuridico europeo*, 1994.

25 Así, entre otros, VAN HOECKE y WARRINGTON, «Legal Cultures and Legal Paradigms: Towards a New Model for Comparative Law», en *47 International and Comparative Law Quarterly*, 1998, pp. 495 y ss., 520 y ss.

tener otros objetivos, quizás más ambiciosos. Por ejemplo, el comparatista puede indagar como la actitud hacia una u otra experiencia jurídica extranjera ha sido plasmada en el derecho de un determinado país, o más bien que problemas surgen cuando las reformas legislativas se inician con la imitación de modelos extranjeros[26].

En todo caso, la investigación histórica que ignora la hipótesis de la circulación de los modelos reposa sobre bases muy frágiles.

Vale, entonces, la pena poner a critica la investigación metodológica que, sin embargo, no que valora la circulación de los modelos como factor de cambio jurídico.

3. La función auxiliar de la comparación jurídica para la valoración crítica de los cánones historiográficos

Hasta aquí he presentado argumentos para nada inéditos a favor del uso de la comparación jurídica en las investigaciones jurídicas.

Sin embargo, la contribución principal de la comparación a la historiografía jurídica es probablemente otra: la comparación puede ofrecer al historiador los instrumentos para criticar y superar las convenciones históricas dominantes entre los especialistas de la materia que se dedican únicamente al estudio de la tradición jurídica con la cual tienen mayor familiaridad.

Los historiadores de este género tienden a compartir los prejuicios difundidos en el ambiente al cual pertenecen estos autores. En verdad, la antropología muestra que la percepción de la existencia y de los efectos de los modelos culturales aflora sólo cuando estamos expuestos a modelos culturales diferentes de aquellos en los cuales vivimos[27]. La conciencia de las raíces locales de la cultura ha podido conducir a algunos filósofos a considerar que la historiografía es una suerte de discurso orientada por la tradición, en cuanto que los historiadores

---

[26] No existe duda que, para comprender los cambios jurídicos que se han producido en el área que ha pertenecido al bloque socialista, los historiadores del derecho del mañana deberán indagar el impacto de las prácticas descritas y discutidas por Reitz, John C., *Reciprocal Influences and Evolving Legal Systems, General Report to the XVth International Congress of Comparative Law*, Bristol, 1998; Ajani, «By Chance and by Prestige: Legal Transplants in Russia and Eastern Europe», en *43 Am. Jo. Comp. Law*, 1995, p. 93; Seidman, Ann y Seidman, Robert B., *State and Law in the Development Process*, 1994, pp. 44 y ss.

[27] Esta idea es un tanto desfasada como la antropología Cfr. Morgan, Lewis H., *Systems of Consanguinity and Affinity of the Human Family*, 1871, p. 39. Sobre los problemas metodológicos que se presentan hoy en la antropología cultural: Remotti, Francesco, *Noi, primitivi. Lo specchio dell'antropologia*, 1990.

viven la vida de la propia cultura[28]. Esta crítica tardía del iluminismo, que tiene por lo menos el mérito de sostener explícitamente un punto de vista a menudo asumido sin discusiones[29], toca ahora nuestra puerta. Seguramente, toca a la puerta de los estudios del Derecho Comparado cuando su objeto es reformulado en términos subjetivos. Se asiste a esta transformación, por ejemplo, cuando las investigación comparada pretende afrontar el problema del saber qué cosa quiere decir pensar como un jurista americano, o alemán[30].

Los intentos de responder a estas preguntas en estos términos, pretenden por lo menos una aproximación holística a la comprensión de las culturas jurídicas. Por holismo, entiendo que cada teoría que considera imposible, o cuanto menos inadecuada, la descripción o interpretación de una parte separada del conjunto al cual ella pertenece[31].

En su versión radical, el holismo afirma que es imposible saber qué cosa significa pensar como un jurista americano o italiano, si esta condición no es experimentada en primera persona[32].

---

[28] Una opinión influente en tal sentido: GADAMER, Hans-Georg, *Wahrheit und Methode. Grundzüge einer philosophischen Hermeneutik,* 1ª ed., 1960, 6ª ed., 1990, pp. 281 y ss., espec. 287 y ss. Sin embargo, para GAMADER la tradición es un todo homogéneo, más bien que el producto de conflictos y de divergencias. Para una valoración de la posición de GAMADER a partir de los historiadores de diversa formación. KOSELLECK, Reinhart, *Hermeneutik und Historik,* edición original de 1987, traducción italiana, Génova, 1990; WHITE, Hayden, «The Question of Narrative in Contemporary Historical Theory», (1984), reimpr. en ID., *The Content of the Form. Narrative Discourse and Historical Representation,* 1987, pp. 26 y ss.

[29] Cfr. GADAMER, *Vertitàe método,* cit.

[30] EWALD, «Comparative Jurisprudence I. What Was it Like to Try a Rat?», en *143 University of Pennsylvania Law Review,* 1995, pp. 1889 y ss., especialmente pp. 1896, 1939 y ss. Es evidente que la interrogante puesta en estos términos refleja la conciencia de la tarea que las principales facultades de Derecho estadounidenses consideran como deber absorver, vale decir enseñar a sus estudiantes: «to think like a lawyer».

[31] Para un primer acercamiento al tema: MAUTNER, Thomas, *A Dictionary of Philosophy,* 1996, pp. 192-193; AUDI, Robert (dir.), *The Cambridge Dictionary of Philosophy,* 1995, pp. 335 y ss.

[32] Cfr. LEGRAND, «European Legal Systems are not Converging», en *46 International and Comparative Law Quartely,* 1996, pp. 52 y ss., 78: «...no matter how acute the insight he brings to bear on Italian law, (...) the English lawyer will necessarily think differently from the Italian-lawyer-understanding-Italian-law, that he will of necessity not think as an Italian lawyer. The English lawyer will, therefore, never understand Italian law on its own terms, that is, in the way Italians do given the way it appears to them; he will never trascend his acculturation».

Una versión más moderada del holismo considera que, para comprender como los juristas pertenecen a una determinada cultura piensan, es vano examinar las particulares reglas jurídicas elaboradas en aquella cultura. La comprensión de las reglas jurídicas presupone, en efecto, el previo conocimiento de los esquemas mentales de los cuales depende su investigación[33]. El factor sobre el cual se puede concentrar la atención seria entonces la memoria colectiva de aquellos que viven la experiencia del derecho en una determinada área geográfica y un determinado momento histórico. Ya que la memoria colectiva orienta el comportamiento individual, para comprender las culturas jurídicas parece necesario indagar este comportamiento del derecho más que otros.

La teoría que he buscado exponer tiene consecuencias relevantes. En primer lugar, la aproximación holística a las culturas jurídicas exonera en larga medida a sus partidarios de realizar investigaciones sistemáticas sobre reglas observadas en una determinada comunidad. En segundo lugar, el análisis jurídico conducido a través de la aproximación holística desvalora el rol del trasplante y de la circulación de los modelos jurídicos como factores de evolución del derecho, ya que, según la perspectiva holística, el estudio de estos fenómenos no puede revelar mucho sobre los rasgos peculiares de una cultura jurídica.

Entonces, el holismo se contrapone a la aproximación que concibe al derecho exclusivamente en términos de reglas. Sin embargo, precisamente como aquella aproximación, éste presta poca atención a aspectos no secundados del derecho. También éste, por lo tanto, intenta simplificar la vida del comparatista privándolo de una gran parte de cuanto es posible aprehender a través de la comparación jurídica[34].

No obstante, es necesario reconocer que la propuesta de repensar la contribución de la comparación jurídica en clave holística pone énfasis en una cuestión muy importante que puede ser ignorada. Probemos formularla en el modo siguiente: ¿Es verdad que nadie puede trascender el horizonte cultural en el cual está inmerso?

---

33 Ewald, *op. cit.*, p. 2146.

34 En cambio, sobre el mismo tema Sacco, *Introduzione al Diritto comparato*, cit. Respecto al ensayo de Ewald, *Zekoll, Kant and Comparative Law - Some Reflections on A Reform Effort,* 1996, pp. 2719 y ss., pp. 2742 y ss.

Nosotros no disponemos de una medida segura para medir un artefacto como el «horizonte cultural». Por tanto, la respuesta a la pregunta no puede ser un gélido sí, o un simpe no[35].

En todo caso, la metáfora acuática de la «inmersión» disminuye drásticamente la variedad y la multiplicidad de las experiencias culturales que son constantemente expuestas, también en el perfil jurídico. Al hacer ello, ésta induce a ignorar que, desde el punto de vista antropológico, la integridad de la «cultura» resulta ser un mito para muchas sociedades[36].

Es un mito, aun cuando la vida intelectual de una entera población (o de una parte más o menos consistente) depende de éste.

Una conclusión análoga se impone también para el derecho. Los comparatistas saben bien, por ejemplo, que lo que puede ser propiamente llamado Derecho alemán, francés, inglés o italiano es sólo una parte de lo que habitualmente es considerado por la literatura jurídica nacional[37].

---

[35] Sin embargo, quién utiliza la literatura filosófica para indagar estos problemas a la luz podría al menos tomar partido por las tesis que admiten la posibilidad de comunicación (sea incluso imperfecta) entre personas pertenecientes a diversas culturas: POPPER, *The Myth of the Framework*, (1976), reimpresión en POPPER, Karl R., *The Myth of the Framework. In Defence of Science and Rationality*, editado por M.A. Notturno, 1993, pp. 33 y ss.; CURRAN, «Cultural Immersion, Difference and Categories in U.S. Comparative Law», en *46 American Journal of Comparative Law*, 1998, pp. 43 y ss., 50 y ss. Acerca de la posibilidad de desarrollar comparaciones interculturales: MACINTYRE, Alasdair, *Whose Justice? Which Rationality?*, 1988. Para la discusión de las opiniones de este último: TATE, *The Hermeneutic Circle vs. the Enlightment*, Telos, 1998, pp. 9 y ss.

[36] El valor aplicativo de la categoría «cultura» es actualmente objeto de discusión. En el contexto jurídico: COTTERRELL, «The Concept of Legal Culture», en NELKEN, David (ed.), *Comparing Legal Cultures*, 1997, pp. 13 y ss.; FRIEDMAN, *The Concept of a Culture: a Reply*, *ibidem*, pp. 33 y s. Pero las opiniones más recientes acerca de la validez cognoscitiva categorizada no conciernen a la idea, según la cual la cultura es el resultante de tensiones opuestas, más que de factores orientados de manera univoca. ROSSI, Pietro (ed.), *Il concetto di cultura*, Turín, 1970, y más recientemente, REMOTTI, Francesco, *Contro l´identitá*, 1996, quién demuestra la ambigüedad de los mecanismos que presiden la elaboración de la identidad colectiva.

[37] Sobre el tema, especialmente, GORDLEY, «Comparative Legal Research: its Function in the Development of Harmonized Law», en *43 AJCL*, 1995, pp. 555, 561 y ss., y, desde un punto de vista diferente, MATTEI, Ugo, *Comparative Law and Economics*, 1997.

El Derecho francés, alemán, inglés, italiano, tiene reglas, instituciones, conceptos e ideas, ninguna de las cuales es total y exclusivamente, alemán, francés, inglés o italiano. Los juristas del mañana aprenderán con sorpresa que, en los albores del tercer milenio, había quién los consideraban de otra forma.

Ciertamente, no estoy sosteniendo que el mito de la integridad de la cultura (jurídica) -tan apreciado por la aproximación holística- este privado de significado. Tanto menos pienso que los mitos no sean dignos de estudio. Por el contrario, los mitos legitiman al derecho, y para comprender el derecho es necesario conocer la mitología[38].

Más bien, lo que considero es que la mitología no debe tomar el lugar de la investigación histórica[39]. La historiografía abraza todo cuanto ha sucedido en el pasado, en toda su complejidad. Ella se extiende a los hechos que tienden a remover, porque disturban la imagen de aquello que somos, o turban nuestra memoria del pasado[40].

Y aquí se presenta la cuestión fundamental: ¿Cómo es posible afrontar la mencionada investigación sin quedar prisioneros de nuestras creencias y de nuestra tradición?

Durante el curso de la vida, las personas aceptan, desechan, modifican, la cultura y las formas de pensar recibidas[41].

---

38 Cfr. Desde el punto de vista histórico, GORDLEY, «Myths of the French Civil Code», en *47 AJCL*, 1994, pp. 459 y ss.; FIZPATRICK, Peter, *The Mythology of Modern Law*, 1992. En línea general, MONATERI, «"Correct our watches by the public clock". L´assenza di fondamento dell´interpretazione del diritto», en DERRIDA y VATTIMO (dirs.), BUSSANI (coord.), *Diritto, giustizia e interpretazione*, 1998, pp. 189 y ss.

39 El nacimiento de la historiografía en el pensamiento antiguo es indisoluble con la percepción de esta distinción. Sobre el mito en el pensamiento griego y en nosotros: GINZBURG, Carlo, «Mito. Distanza e menzogna», publicada antes en SETTIS, S. (ed.), *I Greci, I, Noi e i greci*, 1996, repr. En GINZBURG, Carlo, *Occhiacci di legno - Nove riflessioni sulla distanza*, 1998, pp. 40 y ss.

40 En este mismo modo, la diferencia entre la historiografía y la reevocación de la memoria colectiva se ha desvanecido cuando el interés de involucrar la historia en el ámbito europeo ha tomado relevancia. OSLER, «The Myth of European Legal History», en *Rechtshistorisches Journal*, 1997, p. 393.

41 Muchas de las propuestas que han sugerido volver a examinar las clasificaciones de los sistemas jurídicos en familias tienen valor emblemático respecto al tema. Estas propuestas no son formuladas sólo para poner en evidencia los cambios acaecidos en el panorama jurídico mundial con la caída de la Unión Soviética y de su poder. Estas muestran también el interés de resaltar

Una de las formas en la cual esto sucede es a través de la ocupación en actividades críticas, las cuales conducen a reexaminar precedentes visiones del mundo. Es innegable que muchas investigaciones históricas en el campo jurídico, han sido conducidas por este camino.

A veces, el historiador puede y debe ir contra la tradición, contra la corriente, a fin de conducir a puerto seguro la investigación histórica[42].

Quién dedica sus energías a la comparación jurídica es frecuentemente involucrado en la misma empresa.

Los comparatistas eluden a esta experiencia cuando afirman que su disciplina tiende, después de todo, a profundizar el conocimiento del Derecho interno, más que del Derecho extranjero[43].

No es nada paradójico sostener que la comparación jurídica acrecienta el conocimiento del sistema jurídico en el cual el comparatista se coloca[44]. Si esto sucede, sin embargo, es porque el

---

las características comunes en la *western legal tradition*, que muchas décadas atrás eran percibidas en forma menos agudas que hoy. A propósito: GAMBARO y SACCO, «Sistemi giuridici comparati», en *Tratatto di diritto comparato,* dirigido por Rodolfo SACCO; MATTEI, Ugo, «Three Patterns of Law: Taxonomy and Change in the World's Legal systems», en *45 AJCL,* p. 5.; GORDLEY, «Common law v. Civil law: Una distinzione che va scomparendo», en *Scritti in onore di Rodolfo Sacco,* I, 1994, p. 559. La misma problemática es posible encontrarla en las más recientes contribuciones historiográficas: SCHULZE, «Strukturwandel des Privatrechts und Rechtsgeschichte», en CARONI, Pio y DILCHER, Gerhard, *Norm und Tradition. Welche Geschichlichkeit für die Rechtsgeschichte?,* 1998, pp. 257 y ss.; ID., «Vom Ius Commune bis zum Gemeinschafstrecht - das Forschungsfeld der Europäischen Rechtsgeschichte», en SCHULZE, Reiner (ed.), *Europäischen Rechts - und Verfassungsgeschichte,* 1991, pp. 3 y ss.; BRAUNEDER, «Europäisches Privatrecht - aber was ist es?», en *Zeitschrift für neuere Rechtsgeschichte,* 1993, pp. 225 y ss.; ZIMMERMANN, «Der europäisches Charakter des englischen Rechts: historische Verbindungen zwischen civil law und common law», en *1 Zeitschrift für europäisches Privatrecht,* 4, 1993; ID., «Savigny's Legacy: Legal history, Comparative Law, and the Emergence of a European Legal Science», *112 LQR,* 1996, p. 576; ASCHERI, «Eine mittelalterliche Rechtsordnung - für Heute?», en *RJ,* p. 51 (comentario de GROSSI, Paolo, *L'ordine giuridico medievale,* 1995).

42 Puede verse sobre este tema la doctrina citada líneas arriba, en particular los ensayos de KELLEY y POCOCK.

43 En sentido análogo, desde el punto de vista del historiador del Derecho, GROSSI, Paolo, *L'ordine giuridico medievale,* 1995.

44 Así, entre otros, GLENDON, Mary Ann, WALLACE GORDON, Michael y OSAKWE, Christopher, *Comparative Legal Traditions: text, materials and cases,* 2ª ed., 1994, p. 10; LANGBEIN, «The influence of comparative procedure in the United States», en *43 American Journal comparative law,* 1995, p. 545.

Derecho extranjero y aquel donde el comparatista proviene *son diferentes, más que semejantes.*

Es la diferencia que permite al comparatista acercarse a su derecho como un nuevo objeto de estudio. La comparación jurídica ofrece, entonces, la oportunidad de una salida del panorama intelectual que nos es familiar. Regresando a éste, el comparatista aprecia hechos que antes ignoraba. Por esta razón, la *presumptio similitudinis,* que a veces es presentada como la estrella polar del comparatista[45] en realidad contrasta con uno de los principales objetivos del Derecho Comparado: descubrir la variedad de las posibles aproximaciones a un determinado problema, o descubrir problemas que jamás habíamos pensado.

Quiénes que, a través de la comparación, están dispuestos a considerar críticamente su tradición jurídica pueden contribuir en modo determinante a orientar o reorientar la historiografía jurídica.

En Italia, el ejemplo más conocido de intercambio fructuoso entre las dos disciplinas concierne la historia de los grandes tribunales en actividad durante la época pre-unitaria.

Desde finales de la Segunda Guerra mundial a los años sesenta, los historiadores del Derecho italiano, prácticamente han ignorado la existencia y la actividad de los tribunales de los Estados italianos pre-unitarios.

El olvido que envolvía a las Cortes que funcionaron durante la última fase del *ius commune* no era inexplicable. Los juristas italianos de la Post-guerra no consideraban que las decisiones judiciales fueran objeto idóneo de estudios científicos. Los historiadores del Derecho, evidentemente, compartían el mismo punto de vista. Correspondió a Gino Gorla superar esta perspectiva historiográfica. Gorla, habiendo dedicado su vida a la comparación entre *common law* y *civil law,* reveló la importancia de la actividad de estos tribunales entre los siglos XVI y XVII[46]. Después de Gorla, los historiadores del Derecho italiano se

---

[45] Cfr. Zweigert / Kötz (n. 7), para quiénes la presunción debería tener valor sobre todo en los sectores del derecho relativamente neutros en el plano político. Para una análisis extraordinario del contexto Histórico que puede haber inspirado esta profesión de fe: Curran (nº 35), pp. 67 y ss.

[46] Cfr. Gorla, «Die Bedeutung der Präzedenzentscheidungen der Senate von Piemont und Savoyen im 18. Jahrhundert», en *Ius Privatum Gentium, Festschrift*

apasionaron por el tema, y ahora tenemos una considerable literatura a esta fascinante materia[47].

En este caso, la contribución del comparatista ha consistido, en primer lugar, en dar el paso que los juristas respetuosos de la ortodoxia jurídica post-bélica no podían cumplir: reconocer que las decisiones judiciales contribuyen a la vida del derecho.

Hoy, en Italia, numerosos comparatistas e historiadores del derecho comparten esta dimensión de la comparación. El plan de estudios de las facultades de derecho ofrece a los estudiantes diversas oportunidades de beneficiarse con esta aproximación[48]. Pero Italia es

---

für Max Rheinstein, I, 1969, pp. 103 y ss.; Id., «I Grandi Tribunali italiani fra i secoli XVI e XIX: un capitolo incompiuto della storia politico-giuridica d' Italia», en *Quaderni de «Il foro italiano»* (suplemento de: Il foro italiano, 1969, c. 629 y ss.); Id., «L'origine e l'autorità delle raccolte di giurisprudenza», en *Annuario di diritto comparato,* 1970, pp. 1 y ss.; Id., «Appunti per una ricerca storico-comparativa in tema di autorità delle decisioni giudiziali», 1970, en *Contratto e impresa,* 1989, pp. 605 y ss.; Id., «I tribunali Supremi degli Stati italiani, fra i secoli XVI e XIX, quali fattori dell' unificazione del diritto nello Stato e della sua uniformazione fra Stati (Disegno storico-comparativo)», en *La formazione storica del diritto moderno in Europa, Atti del terzo Congresso internazionale della Società italiana di storia del diritto,* I, Florencia, 1977, pp. 447 y ss.; Id., La «Communis opinio totius orbis» et la reception jurisprudentielle du droit au cours de XVI, XVII et XVIII siècles dans la «Civil Law» et la «Common Law» (Thèmes de recherche)», en Cappelletti, Mauro (ed.), *New Perspectives for a common Law of Europe - Nouvelles perspectives d'un droit commun de l'Europe,* 1978, pp. 45 y ss. Sobre la obra de Gorla veáse las intervenciones recogidas en *Scintillae Iuris - Studi in Memoria di Gino Gorla,* I, 1994, pp. 3-145, y las notas autobiográficas del mismo Gino Gorla, Gorla, «Ricordi della carriera di un comparatista», *Foro italiano,* 1980, V, pp. 1 y ss, que puede ser complementado con su *Il diritto comparato in Italia nel «mondo occidentale» e un'introduzione al «dialogo civil law-common law»,* 1983.

47 Sobre la importancia de los estudios conducidos por Gino Gorla en este campo y la doctrina que ha sido influenciada por este estudioso: Ascheri, Mario, «I grandi tribunali e la ricerca di Gino Gorla», en *Scintillae Iuris,* cit., pp. 76 y ss.

48 Sobre estos aspectos, véase Sacco, «L'Italie en tête (à propos de l'einsegnement du droit comparé», en *Rev.int.dr.comp.,* 1995, p.131; Id., «La formation au droit comparé. L'expérience italienne», en *Rev. int. dr. comp.,* 1996, p. 273. Entre los manuales de Derecho Comparado que introducen a los estudiantes a la dimensión histórica de la comparación : Gambaro, Antonio y Sacco, Rodolfo, «Sistemi giuridici comparati», en *Trattato di diritto comparado,* dirigido por Sacco, Turín, 1996; Monateri, Pier Giuseppe, *Il modello di civil law,* 2ª ed., Turín, 1997; Ajani, Gianmaria, «Il diritto dei Paesi dell'Europa orientale», en *Trattato di diritto comparato,* dirigido por Rodolfo Sacco, Turín, 1996; Id., *Il modelo post-socialista,* Turín, 1996; Mattei, Ugo, *Il modelo di common law,* Turín, 1996; Id., «Common law-il diritto anglo-americano», en *Trattato di diritto comparato,* dirigido por Rodolfo Sacco, Turín, 1992.

ahora parte de un amplio movimiento, siendo siempre más numerosas las iniciativas de investigación que, a nivel internacional, involucran tanto a los comparatistas, como a los historiadores del Derecho[49].

En Europa de hoy el estudio del pasado no debe ser necesariamente el espejo de cómo éramos o, peor, como debemos ser. Puede ser, quizá, el estudio de cómo nuestros antepasados eran diferentes a nosotros[50]. Ir por esta dirección -hacia el estudio del pasado como otro mundo- comporta el mismo escape y regreso que los comparatistas advierten cuando afrontan el estudio de otros derechos. La conciencia de esta común experiencia puede facilitar nuestros diálogos y abrir nuevos horizontes de investigación.

---

[49] Son ejemplos notables de esta aproximación los trabajos de los estudiosos reunidos en la Asociación para las Investigaciones Históricas-Comparadas (ARISTEC): Vacca, Letizia (dir.), *Vendita e trasferimento della propietà nella prospettiva storico-comparatistica,* Atti del Congresso internazionale Pisa-Viareggio-Lucca, 17-21 de abril de 1990, I, II, 1991; Vacca (dir.), *La responsabilità civile da atto illecito nella prospettiva storica-comparatistica,* I congresso internazionale ARISTEC, Madrid, 7-10 de octubre de 1993, 1995; Vacca (dir.), *Causa e contratto nella prospectiva storico-comparatistica,* II congresso internazionale ARISTEC, Palermo, 7-8 de junio de 1995, 1997. Vacca (dir.), *Il contratto inadempiuto - Realtà e tradizione del diritto contrattuale,* Turín, 1999. El mismo espíritu cosmopolita anima *I Materiali per la Storia della cultura giuridica* e *I Quaderni fiorentini per la Storia del pensiero giuridico.* Entre las publicaciones extranjeras pueden recordarse sobre todo la serie *Comparative Studies in Continental and Anglo-American Legal History/Vergleichende Untersuchungen zur kontinentaeuropäischen und anglo-amerikanischen Rechtsgeschichte* y los *Recueils* de la *Societè Jean Bodin opur l'histoire comparative des institutions.*

[50] Véase en el mismo sentido, Pennington, «The Spirit of Legal History», en *64 University of Chicago Law Review,* 1997, pp. 1097 y ss., 1115: «If legal history deserves such a place in the curriculum of today's law schools, it must earn it by producing books that not only restore memories of forgotten jurists, doctrines and practices, but that also provide different ways of thinking about law».

Derecho Comparado y Derecho internacional*

Gianmaria Ajani

* El origen de este artículo es una ponencia desarrollada en mayo del 2001, en la Facultad de Derecho de la Universidad de Friburgo, Suiza. Debo reconocer a Waltrer Stoffel, Pierre Tercier y a Franz Werro, inspiradores de este encuentro académico, por sus sugerencias y críticas. También agradezco a Luisa Antoniolli, Davide Cesaro, Silvia Ferreri, con los cuales he podido discutir diversos aspectos de este estudio. El financiamiento de la investigación es parte del MURST (proyecto nacional 40% 1999 y por el Departamento de Ciencias Jurídicas de la Universidad de Turín).
Traducción al idioma castellano, autorizada por el autor, de Carlos Antonio Agurto Gonzáles y Sonia Lidia Quequejana Mamani.

1. Introducción

La reflexión sobre la relación entre Derecho Comparado y Derecho internacional ha sido, hasta ahora, nada frecuente.

Los estudios dedicados al tema pueden ser recogidos bajo dos signos de la «irrelevancia» de la relación o de la «diversidad» de objeto y método de las dos disciplinas[1].

Como para cualquier teoría desarrollada en el ámbito de un discurso científico, también la teoría elaborada por los juristas requieren un criterio de validación, que pruebe, al menos contemporánea, su legitimación cultural. El lugar natural de esta validación está representado por la jurisprudencia.

---

1 El tema fue objeto de exposiciones nacionales en el Congreso de la Academia Internacional de Derecho Comparado, realizado en Budapest en 1978; la ponencia italiana, redactada por Rodolfo DE NOVA, trató exclusivamente sobre el aspecto de la relación entre comparación y Derecho internacional privado; DE NOVA, R., «The Comparative Method and Private International Law», en *Italian National Reports to the Xth International Congress of Comparative Law,* Giuffrè, Milán, 1978, 119.
Propuestas sobre el rol de la ONU en el orden jurídico global en CONETTI, G., «Diritto internazionale e diritto comparato», en SACCO, R., *Che cos'è il diritto comparato,* Giuffrè, Milán, 1992, p. 207.
Un amplio resumen de las concepciones occidentales del Derecho internacional comparadas con las soviéticas se encuentran en BUTLER, W., *International Law in Comparative Perspective,* Alphen a/d Rijn, Sijthoff, 1980. El texto representa la mejor colección de opiniones sobre la «necesaria abstracción» típica de la época de conflicto ideológico, del Derecho internacional de las culturas jurídicas nacionales. En la literatura alemana, véase el volumen XXVI de la *Zeitschrift fur auslandisches offentliches Recht und Volkerrecht,* 1976, dedicado a los objetivos y métodos de la comparación aplicada al Derecho internacional, con contribuciones de K. HEILBRONNER y G. RESS.
Asimismo, la posición de irrelevancia se encuentra en GUTTERIDGE, H.C., «Comparative Law and the Law of Nations», en *21 British Y. Int'l L.,* 1946, p. 1.

Este ensayo se propone verificar si los lineamientos de las doctrinas son dependientes de una efectiva inexistencia o de una difícil acertabilidad de la relación entre Derecho Comparado y Derecho internacional o si ha sido, más bien, una disociación entre la objetiva importancia del fenómeno y la capacidad de atención de los juristas que operan en nivel nacional e internacional. El análisis se presenta de importancia particular en el presente, al menos por tres motivos:

- El recorrido de la doctrina soviética sobre el Derecho internacional ha modificado los términos de la relación entre política, derecho, universalidad del Derecho internacional, haciendo una crítica al «formalismo necesario»[2] que por décadas ha caracterizado el acercamiento de los internacionalistas a la norma;
- El fin de la contraposición ideológica entre Este y Oeste está favoreciendo a una nueva y más fragmentada contraposición Norte -Sur en orden a su presunción de universalidad del Derecho internacional;
- Los factores institucionales y técnicas del cambio que por la brevedad denominaremos «globalización» favoreciendo el desarrollo de una comparación que observa las modalidades de la circulación de las reglas, se interrogan sobre los resultados de esta circulación y critica la noción unitaria de sistema como producto del legislador, procediendo de una comparación estática de reglas (si bien disociadas en los diversos formantes que lo componen) «vigentes»[3].

---

2 El formalismo ha representado una resistencia a los intentos de la política de interferir en la aplicación del derecho. Es significativo el ejemplo de los ordenamientos de tipo soviético, en los cuáles por décadas algunos autores han sabido mantener algunos sectores del derecho (en particular, del Derecho civil) impermeables a ciertas pretensiones de la política, mediante el recurso al conceptualismo. Puede verse a AJANI, G., *Le fonti non scritte nel diritto dei Paesi socialisti*, Giuffrè, Milán, 1985. Igualmente, el formalismo en el Derecho internacional ha favorecido una separación entre voluntad política de los Estados y regla jurídica.

3 Algunos manuales recientes de Derecho Comparado están caracterizados por una crítica de la sistemología por ordenamientos: el interés se presenta en el procedimiento comparado que observa los movimientos de las reglas, nuevas tipologías de los sistemas (abiertos/cerrados, coherentes/incoherentes) son propuestas para superar la tradicional clasificación por «familias» centrado en una versión simplificada de la modalidad de producción del derecho. Cfr. LUPOI, M., *Sistemi giuridici comparati. Traccia di un corso*, ESI, Nápoles, 2001, pp. 116 y 240 y ss.

En otros términos, el Derecho Comparado procede de dos diversos campos de investigación que coincide entre las normas con el fin de sostener proyectos de uniformización y de reconocimiento de las diversidades locales. Análogamente, el Derecho internacional se encuentra -a partir de finales de la «guerra fría»- afrontando una nueva contradicción entre un renovado énfasis sobre la naturaleza universal que confluye con la lectura positivista tradicional (prueba de ello son los recientes proyectos de institución de cortes penales internacionales, pero más en general la consideración que los «nuevos Derechos» para los cuales se busca tutela en el Derecho internacional, que nacen de hecho como tipo global, como contaminación, que porta los riesgos del desarrollo industrial, las migraciones de las poblaciones) y una creciente crítica por parte de muchos componentes de la comunidad internacional, dirigidos a enmascarar la pertenencia occidental y no así universal de los valores que sostienen la retórica de los derechos fundamentales[4] .

2. Definiciones tradicionales: a) El Derecho internacional (público)

Observar las relaciones entre Derecho Comparado y Derecho internacional, a la luz de las nuevas modalidades de manifestación del derecho globalizado requiere, preliminarmente, una definición de los términos.

La expresión «Derecho internacional» es habitualmente referida al «conjunto de las reglas que gobiernan las relaciones de la comunidad internacional»[5]. Esta definición determina los corolarios (en temas, por ejemplo de la personalidad de las organizaciones internacionales) y conduce a explicar las contradicciones como excepciones (en temas, por ejemplo, de autonomía del ordenamiento de la Unión Europea y de las Comunidades respecto al Derecho internacional)[6].

---

4 Sobre la «moral jurídica europea» en relación a la naturaleza universal de los derechos humanos, véase, HOFFE, O., *Globalizzazione e diritto penale*, Edizioni di Comunità, Turín, 2001, pp. 63 y ss. Cfr., también para ulteriores referencias: OBIORA, L., «Toward an Auspicious Reconciliation of International and Comparative Analysis», en *46 Am. J. Comp. L.*, 1998, pp. 669 a 673.

5 Véase, ampliamente, QUADRI, R., *Diritto internazionale pubblico*, Liguori, Nápoles, 1968, pp. 20-54.

6 Cfr. POCAR, F., *Diritto dell'Unione e delle Comunità Europee*, Giuffrè, Milán, 1997, p. 5.

Históricamente, la definición ha delimitado los campos de competencia entre el Derecho internacional y otros en su conjunto, como el Derecho internacional privado o sub-ramas, como el Derecho internacional de la economía, el derecho de la cooperación al desarrollo. Menos común es la percepción del Derecho internacional como «*groups of people sharing profesional tools and expertise, as well as sensibility, viewpoint, and misión*»[7]; esta percepción, que está centrada en la actividad y en las motivaciones de los estudiosos de la materia y que niega reconocer una coherencia diacrónica a la disciplina, prometiendo fértiles aplicaciones[8], es, actualmente, confinada en la reserva americana (Harvard, en particular) de los «*critical legal studies*».

2.1. (Sigue):b) El Derecho Comparado

Sin duda menos práctica es la definición del Derecho Comparado. En Italia, la definición es más compleja por el hecho de la división de la disciplina en dos bloques: Derecho privado comparado y Derecho público comparado, ramas distintas por objeto de indagación, pero juntos por la pretensión recurrente de identificación de las cuestiones de método[9].

Los comparatistas han dedicado desde siempre su atención a la definición de la naturaleza y de los objetivos de su disciplina. El largo debate de su naturaleza, función y objetivo del Derecho Comparado es conocido[10] y no es necesario ocuparse nuevamente sobre estos temas.

---

7 KENNEDY, David, «My Talk at the ASIL: What is New Thinking in International Law?», en *The American Society of International Law*. «Proceedings of the 94th Annual Meeting», en *Am. J. Int'l L. 2000,* supplement, p. 104. Más ampliamente, véase: KENNEDY, David, «The disciplines of International Law and Policy», en *12 Londres, J. Int'l L.*, 1999, pp. 9 y ss.; KORHONEN., E. O., *International Law Situated. An Analysis of the Lawyer's Stance Towards Culture, History and the Community*, Kluwer, Dordrect, 2000.

8 Pensemos en la experiencia italiana, en la utilidad de una lectura histórica y crítica de las escuelas, para el Derecho civil véase, GROSSI, P., *Scienza giuridica italiana. Un profilo storico 1860-1950*, Giuffrè, Milán, 2000.

9 En general, se remite a SACCO, R. y GAMBARO, A., *Sistemi Giuridici Comparati*, UTET, Turín, 1996 y a PIZZORUSSO, A., *Sistemi Giuridici Comparati*, Giuffrè, Milán, 1998.

10 Véase a GORLA, G., «Diritto comparato», en *Enc. giur.*, Roma, vol. VI. Para un amplia perspectiva crítica, véase, a GRAZIADEI, M., «The Functionalist Heritage», en LEGRAND, P. y MUNDAY, R., *Comparative Law at the Millenium*, Oxford Univ. Press, Oxford, 2002.

Lo que interesa resaltar es que el contraste sobre los métodos de la comparación y sus objetos tiene muchas ocasiones y diversas tradiciones jurídicas nacionales, interesando diversos sectores del Derecho «municipal». Esto se ha verificado no solamente en el plano de la investigación simplemente teórica (pensemos en los aportes de Kahn FREUND comparatista a la teoría general y a la sociología del derecho[11], de RABEL al Derecho internacional privado) o historiográfica[12], pero también en el plano de las indagaciones aplicadas a la investigación del modelo «mejor» (y será suficiente recordar, para limitarse a los italianos, Mauro CAPELLETTI que se ocupó de lo procesal-civil, Piero VERRUCOLI en el Derecho comercial)[13].

El motivo principal de estas incursiones reside en la naturaleza íntimamente transnacional del Derecho Comparado[14] y en la búsqueda, que es común a todos los comparatistas, del límite entre Derecho

---

11 Véase a KAHN FREUND, O., «Comparative Law as an Academic Subject», en *L. Quart. Rev.*, 1966, p. 41.

12 Véase sobre la relación entre comparación e historiografía jurídica, GRAZIADEI, M., «Il diritto comparato, la storia del diritto e l'olismo nello studio delle culture giuridiche», en *Riv. crit. dir. priv.*, 1999, p. 337.

13 Aunque ausente en la tradición jurídica italiana, pero de gran importancia en la experiencia del *common law*, es la doctrina que ha producido estudios importantes en materia de *Law and Development* desarrollándose con una consciencia clara de los métodos de comparación. Estos estudios, frecuentemente nacidos como accesorios respecto a una determinada actividad de recognición del Derecho extranjero, con el tiempo ha desarrollado una función de crítica hacia los resultados de los trasplantes de normas actuales en los proyectos de *Law and Development*.

14 Esta naturaleza no impide, como sabemos, al Derecho Comparado de ser también experiencia nacional: como se ha observado, «los análisis de la comparación, siendo presentadas como alternativas respecto a los análisis de la dogmática, sustancialmente han seguido esta ruta. Ha sido la dogmática la que ha orientado la visión del comparatista», MONATERI, P.G., «Critica dell'ideologia e analisi antagonista: il pensiero di Marx e le strategie della comparazione», en *Riv. crit. dir. Priv.*, 2000, pp. 703 a 708.
De manera similar, el lenguaje del internacionalista, si bien inspirado por la búsqueda de los principios universales de la *Law of Nations*, es determinado por las peculiaridades semánticas y técnicas que inspiran las diversas «escuelas nacionales» del Derecho internacional. Es conocido el caso emblemático representado por la dificultad de traducir en idioma chino el clásico de VATTEL, *Le droit des gens*; cfr. HSU, I.C., *China's Entrance into the Family of Nations*, Harvard Univ. Press, Cambridge Mass., 1960, cit. en BUTLER, W., *op. cit.*, p. 34.

(positivo) y no derecho[15], un límite que es mucho más evidente y claro al jurista municipal como es incierto y relativo para el cultor de la comparación[16]. Una búsqueda que conduce a representar los ordenamientos como sistemas o modelos, así dan cuenta, en las mismas definiciones del campo de indagación, de la importancia del dato «para jurídico» y cumpliendo, como escribe Gorla, «un acto liberatorio respecto a las tradicionales formas de describir un ordenamiento solamente desde el punto de vista normativo, culminados en la *Reine Rechtslehre* de Kelsen y de sus seguidores»[17].

Es evidente que el problema del límite entre Derecho (positivo) y no u otro derecho lleva a preguntarse sobre las fuentes y modalidades de producción de la regla y a vincular el hecho del pluralismo jurídico con el dogma de la naturaleza estatal de la norma[18].

Ausente una definición *estándar* de Derecho Comparado asumimos, como definición convencional, la asentada en la cultura jurídica ita-

---

[15] Interesantes consideraciones sobre el abandono por parte del derecho de ciertas situaciones practicadas en la vida cotidiana por los miembros de una sociedad (en especial, el caso de la nulidad dispuesta por el legislador por los *land contracts* no formalizados por escrito) son desarrollados en Stramignoni, I., «A simple straightforward rule: diritto, abbandono e land contracts in diritto inglese», en *Riv. dir. comm.*, 2000, pp. 417 y ss. Un diferente, pero menos radical, ejemplo de abandono por parte del derecho de situaciones practicadas o posibles se presenta con la reglamentación italiana de las firmas digitales, como por el d.P.R. 513 del 1997, donde la elección de una solución técnica pone en una esfera de no relevancia (que obviamente es diferente de la nulidad dispuesta por el legislador inglés para los *land contracts* no redactados) otras soluciones, posibles y existentes, de identificación de documentos informáticos.

[16] Y sobre la importancia de un estudio comparado «para jurídico», véase a Gorla, G., *op. cit.*, p. 4. Sobre la necesidad de un diálogo entre Derecho Comparado y teoría del derecho, véase el agudo artículo de Twining, W., «Globalization and Comparative Law», en *6 Maastricht J. Eur. Comp. L.*, 1999, p. 215.

[17] Gorla, G., *op. cit.*, p. 5.

[18] Un ejemplo del análisis de la relación entre Derecho positivo y pluralismo jurídico, véase en Twining, W., «Mapping Law», en *50 Northern Ireland L.Q.*, 1999, p. 12, donde la tipología de los niveles de relación jurídica del nivel Estado /Ciudadano: global (por ejemplo, el derecho del espacio), internacional, regional (por ejemplo, el Derecho comunitario), transnacional (por ejemplo, ciertos aspectos del Derecho islámico, o del Derecho hindú), estatal, subestatal, no estatal (por ejemplo, el Derecho de los indígenas de América, etc.).

liana, que pone énfasis en la búsqueda y énfasis de las diferencias y de las semejanzas entre reglas, instituciones u ordenamientos jurídicos comparados[19].

También en el caso del Derecho Comparado, más allá del tema de la definición del objeto de la materia, está presente la percepción de la disciplina como «actividad o praxis de los comparatistas»[20]. De manera del todo independiente respecto a los movimientos que se estaban afirmando y recogido bajo la denominación de «*critical legal studies*», Gino GORLA escribió algunas páginas iluminantes sobre las «*praxis de los comparatistas*», realizados con el objetivo de dar cuenta de una disciplina no identificable por su objeto «positivo». Estas páginas nos recuerdan que la praxis tradicional de los comparatistas, refiere a los aspectos pertinentes a lo «para jurídico», en el curso del siglo XX, ha privilegiado el análisis del dato formal, no sólo en sede de exposición «estática» de los datos, sino también de lectura crítica de los fenómenos de reforma y recepción. Prueba de esto es el énfasis de la codificación como instrumento de modernización del derecho. Resaltaba GORLA: «Es esto una muestra de fe iluminista en la legislación como medio de reformas y de mejoramiento del derecho, trabajo que, hasta el siglo XVII, era propio de la jurisprudencia...Tal era la presentación de la fe iluminista en la legislación que durante el siglo XIX las que después se convertirían en revistas de Derecho Comparado, en Francia, Inglaterra y Alemania, se denominaban revistas de legislación extranjera, especialmente para el mejoramiento del Derecho nacional; con que se acentuaban las relaciones y la confusión entre Derecho Comparado y estudio del Derecho extranjero»[21].

El tema de la definición de las disciplinas se funda, como es evidente, en convenciones, sostenidas y compartidas por las *élites* de los estudiosos.

Las convenciones son, por su naturaleza, relativas y también cuando ocupan por un largo periodo de tiempo el campo dedicado a la presentación de la disciplina (los manuales de enseñanza, en primer lugar, las guías enciclopédicas), diseñando un perfil «*estándar*» del objeto de estudio, no reducen sensiblemente las tendencias de la discrepancia. Es suficiente

19 Cfr. SACCO, R., *Che cos'è il diritto comparato*, Giuffrè, Milán, 1992, p. 13.
20 GORLA, G., *op. cit.*, p. 2.
21 *Ibidem*, p. 7.

frecuentar la lectura internacionalista de las últimas dos décadas para registrar recurrentes sugerencias para considerar los procesos de formación y actuación de la regla a la luz de la presencia de «*New Insurgents*»[22]; la lectura anglo-americana aparece particularmente dedicada a la definición del campo de acción de un «*New International Law*»:[23] «el Derecho internacional, dominio reservado a los especialistas dedicados principalmente al Derecho internacional público, llega a ser un importante espacio de recepción de reglas del Derecho comercial y administrativo que interesan de manera inmediata las vidas de los individuos y las transacciones comerciales»[24] y no obstante las recurrentes apelaciones a la reforma[25], frente a un eje institucional que no ha sufrido cambios significativos.

Análogamente, frecuentemente la lectura comparatista conoce la tensión entre los promotores de un análisis formal de las reglas[76] y los que practican diversas variantes del método funcionalista, variantes heterogéneas y numerosas, pero todas acumuladas por la consideración de la relación entre «norma y cultura». Asimismo, es innegable que, en algunas culturas jurídicas nacionales, el Derecho Comparado, ante todo, haya sostenido la razón de la competición con las pretensiones de universalidad del conceptualismo de matriz pandectista y contribuido, en los últimos cincuenta años, a la contradicción del formalismo jurídico, desarrollando argumentos para la deconstrucción de la dogmática y apoyándose en el análisis funcional dirigido al resultado de la norma, más que hacia una búsqueda de coherencia entre los enunciados del ordenamiento.

La existencia de críticas y discrepancias no quita, por el momento, validez al reconocimiento de una definición de *estándar* de las

---

22 BRIETZKE, P., «Insurgents in the 'New' International Law», en *13 Wisc. Int'l L. J.*, 1994-95, p. 3.

23 Cfr. BRUNNÉE, J. y TOOPE, S., «International Law and Constructivism: Elements of an Interactional Theory of International Law», en *29 Col. J. Trans. L.*, 2000, p. 9.

24 STEPHAN, P. B., «The New International Law», en *70 U. Co. L. R.*, 1999, p. 1555; análogas consideraciones en MISTELIS, L. A., «Regulatory Aspects: Globalization, Harmonization, Legal Transplants, and Law Reform - Some Fundamental Observations», en *34 Int'l Lawyer,* 2000, pp. 1055 a 1059.

25 Sobre el caso del Consejo de Seguridad de la ONU véase las observaciones de DELBRUCK, J., «Globalization of Law, Politics and Markets», en *Indiana Journal of Global Legal Studies,* 1993, p. 9.

26 Los cuáles, quizás, no ignoran más las enseñanzas del funcionalismo, sino confinan la posibilidad de acción del comparatista dentro de los límites señalados por la comparación entre ordenamientos «culturalmente homogéneos».

disciplinas; esto también en cuanto a los circuitos de comunicación y difusión de las críticas y de las discrepancias quedando circuitos elitistas y separados respecto al circuito de difusión, a las prácticas de difusión, a las prácticas de divulgación del perfil tradicional de las disciplinas.

3. La necesidad de redefinir las relaciones entre Derecho Comparado y Derecho internacional

No es sino de las tensiones entre definiciones oficiales y praxis heterodoxas que quiero ocuparme en este artículo:

Principalmente la oportunidad de redefinir las interrelaciones entre Derecho Comparado y Derecho internacional frente a una nueva modalidad de producción supranacional (o, si se preferiría, extra estatal) de las reglas y de una siempre más difundida conciencia de los problemas de efectividad de las nuevas normas. El problema de la efectividad del Derecho internacional, en efecto, ha recibido bastante atención no antes tenida. Como es evidente, es el reconocimiento de la diversidad como elemento cardinal de las relaciones internacionales, como el problema de la efectividad debe su actual importancia a la contemporánea debilitación del positivismo jurídico (y del «optimismo normativo» que en más de una ocasión ha llevado a los legisladores, también en el Derecho nacional, a afirmar la resolución de una cuestión solamente en cuanto una norma reguladora del problema había sido adoptada).

Es desde tal reconocimiento que derivan hoy las tendencias discursivas sobre el concepto de subsidiariedad, como son confiados los proyectos de racionalización y efectiva distribución de los poderes de decisión.

Reconocer la existencia de estas modalidades significa comprender que, en diversos sectores del derecho, la fuente de producción es hoy puesta en lugares externos al poder estatal. Esta posición, que encuentra su origen, pero no con esto la única explicación[27], en el proceso de

[27] Para ciertos aspectos, es la pérdida de capacidad normativa de los ordenamientos nacionales que determinan la búsqueda, por parte de los actores supranacionales (grupos de tutela de los consumidores, organizaciones no gubernamentales), de nuevos lugares de tutela de los derechos: el énfasis de la adjudicación transnacional de las cuestiones vinculadas *al riesgo* e investigación científica es un efecto de la carencia de *governance* por parte de los legisladores estatales.

internacionalización de la economía, determina un juego de «demanda y oferta» de modelos normativos entre organismos y productores de las reglas y sistemas receptores. Esta dinámica coloca «fuera de contexto» el factor primario de producción de las reglas, radicando la complejidad sobre la efectividad de la norma. La práctica difundida de adopción de fuentes atípicas, de *soft laws*, como respuesta a la rigidez del modelo internacional clásico, pone en debate la tradicional distinción entre norma y hecho. Y también donde las decisiones quedan a la prerrogativa de las asambleas legislativas, la determinación de su contenido es cada vez más confiada a organismos «técnicos», a expertos elegidos en razón de su competencia y no de su ideología o visión política. Se tiene con esto un cambio de la legitimación democrática a la técnica de la regla[28].

Si el proceso de normación es proceso dependiente al ordenamiento dentro del cual la nueva norma está destinada a radicarse, es legítimo tener dudas sobre la capacidad del sistema recepticia a acoger y hacer funcionar la solución nueva. El trasplante es en cualquier experiencia humana, de la técnica médica a la manifestación artística, desde el uso de la lengua a la creación del derecho, un hecho que puede generar rechazo. Y esto es mucho más probable cuando el trasplante es resultado de un *cambio traumático*[29] de condición.

---

28 Cfr. Stoffel, W., «Enlightened Decision Making», en *75 Tulane L.R.*, 2001, pp. 1195 a 1208.

29 Considero como tal la posición improvisada de una nueva regla, extraña por parte de una precedente elaboración doctrinal y jurisprudencial, y, quizás, en contradicción con el sistema. El cambio traumático puede determinar reacciones de velocidad diferente en los diversos formantes y también movimientos aparentes. La regla B, puesta en sustitución de la regla A, podrá ser tomada por cierta doctrina y por la jurisprudencia más importante, ser negada u opuesta por doctrinarios fieles a la regla A o desilusionado por la falta de acogimiento de las propuestas C, D…, ser ignorada por los jueces inferiores. Líneas de separación entre soluciones definitorias y operativas podrán posteriormente bipartir los diversos formantes.
El esquema es abierto a soluciones posibles y es teóricamente aplicable a cada ordenamiento. La historia de las relaciones entre Derecho municipal (italiano, francés, por ejemplo) depósito de la regla A y Derecho comunitario, que portan reglas B, es ingente de ejemplos que ilustran tal esquema; por ejemplo menos vecinos a nosotros, piénsese en los casos que han acompañado la traumática recesión del trust en el ordenamiento ruso.

El proceso de internacionalización de la economía es íntimamente vinculado a un proceso de redefinición del rol del Estado. La tímida conexión entre organización del mercado y forma de gobierno, ya presente en Derecho internacional posteriormente a la segunda guerra mundial[30], se ha impuesto como presupuesto a la acción de muchos organismos internacionales.

Esto acontece en medida considerable a través de la expansión de las «políticas de ajustamiento estructural» promovidas hacia los países en vías de desarrollo por el Fondo Monetario Internacional y por el Banco Mundial[31]: la asistencia financiera, unida a las políticas de ajustamiento estructural, ha asumido dimensiones de extremo nivel en el curso de los años ochenta, en relación a la crisis de la deuda que golpeó antes que a nadie a muchos países en vías de desarrollo, así como algunos Estados ex-comunistas[32]. Las reformas institucionales y jurídicas vinculadas a las políticas de ajuste estructural así han conducido a una extensa acción de armonización normativa dirigidas a acentuar y a ahondar el comercio y a incentivar las inversiones. Esta acción no representa, formalmente, una excepción a los principios de soberanidad y autonomía, y por tanto, se diferencia de las prácticas

---

30 Cfr. COMBA, A., *Il neo liberismo internazionale,* Giuffrè, Milán, 1995, p. 27.

31 Cfr. Sobre las analogías entre las políticas de «capitalización» de las potencias coloniales y las políticas de ajustamiento estructural: FIDLER, D. P. y KINDER, A., «Gentler System of Capitulations? International Law, Structural Adjustment Policies, and the Standard of Liberal, Globalized Civilization», en *35 Texas Int'l L.J.,* 2000, p. 387.
El sistema de las capitulaciones determinó una «armonización» de las reglas que gobiernan las transacciones comerciales en Turquía, China, Japón y numerosos otros Estados de Asia y de África, determinó una fuerte presión hacia los legisladores de los Imperios a fin que adecúen a los estándares occidentales sus ordenamientos contemporáneamente, la excepción de los occidentales por las jurisdicciones locales operó como incentivo para los inversionistas locales. Este sistema fue sostenido por las doctrinas internacionalistas que resaltaron la naturaleza excepcional respecto a los principios consolidados de autonomía y soberanía presentados como fundamento de las relaciones entre Estados. El concepto «naciones civiles» favoreció estas construcciones. Véase, también: ANGHIE, A., «Finding the Peripheries: Sovereignty and Colonialism in Nineteenth-Century International Law», en *40 Harv. L.R.,* 1999, p. 4.

32 En aquella época la banca mundial cambió su política de asistencia por el sostenimiento de proyectos específicos a la proposición de asistencia integrada, condicionada por la adopción de políticas de reforma institucional y legislativa.

de exención de la jurisdicción que habían caracterizado las políticas bilaterales de capitulación en los siglos pasados; de hecho, más aún, es evidente que la armonización es señalada desde una convergencia mono direccional sobre modelos normativos presentados como «técnicamente neutrales» o, lo que es lo mismo, universalmente eficientes y difundidos mediante esquemas de acuerdo multilateral.

Así como para las políticas de capitalización, las de ajustamiento estructural han sido justificadas por el Derecho internacional. Esto aparece más evidente en el curso de los años noventa, cuando frente a una amplia demanda de adhesión por parte de numerosos Estados a organismos internacionales, el derecho contractual desarrolló una serie de cláusulas, según las cuales devenían al mismo tiempo presupuesto para la adhesión y requisito para el mantenimiento del acuerdo.

Las «cláusulas de condicionamiento político» ocupando hoy, por ejemplo, los acuerdos de asociación y de apoyo de relaciones entre la Unión Europea y los Estados Post Comunistas, permitiendo a la Unión mantener flexibilidad en la maniobra de prolongación y de influenciar las políticas económicas de los países candidatos a la adhesión[33].

Como es evidente, esto determina una nueva lectura del concepto de «nación civilizada», poniendo al mismo tiempo esta noción en vinculación con la globalización[34].

---

[33] Sobre los contenidos y el impacto de las cláusulas de condicionamiento político expresadas por la Comunidad europea y por el *BERS* en las relaciones con los Estados de Europa centro-oriental: PASA, B., «L'azione delle istituzioni finanziarie internazionali nell'offerta di modelli giuridici agli ordinamenti post-socialisti», en PORRO, G. (al cuidado de), *Studi di diritto internazionale dell'economia*, Giappichelli, Turín, 1999, pp. 117 y ss.
Como es conocido, el art. 8 del Acuerdo que instituye el Banco europeo para la reconstrucción y desarrollo (BERS), dice:
«El Banco puede efectuar sus operaciones en países de Europa centro-oriental que realizan constantes progresos de transición a economías orientales sobre el mercado y en la promoción de la iniciativa privada y de la actividad empresarial y que aplican, con medidas concretas y otras, los principios enunciados en el art. 1 del presente Acuerdo», los principios mencionados son los de la democracia pluripartidaria, del pluralismo y de la economía de mercado.

[34] «The nexus between civilization and International Law is a basic question of International Law»: SCHWARZENBERG, G., «The Standard of Civilisation in International Law», en *8 Current Legal Problems*, 1955, p. 212.

La adhesión al sistema del Derecho internacional y de las organizaciones internacionales requiere hoy, por parte de los Estados emergentes, una aceptación de *standars* normativos y de comportamientos que las naciones civilizadas consideran fundamentales: democracia pluripartidaria, economía de mercado (y legislación que permite el funcionamiento del mercado), *rule of law*.

Frente a todo esto la distinción entre Derecho privado y Derecho público requiere un nuevo examen[35].

Entonces, la problemática hasta este punto es la siguiente: reconocido un cambio de modalidad de producción y de puesta en acción de las normas, ¿pueden tanto el Derecho internacional como el Derecho Comparado mantener la férrea separación de área que las definiciones *estándares* de las materias nos transmiten?

4. Razones tradicionales de la separación de campo entre Derecho internacional y Derecho Comparado

Las contaminaciones entre los discursos, los estilos, los métodos de la comparación jurídica y la actividad de los internacionalistas, diversamente de cuanto se verifica en otros sectores del derecho, es un fenómeno nada habitual. Esto vale para los diversos ordenamientos de la tradición jurídica occidental y con particular evidencia para Italia.

En cuanto a la separación de áreas entre las dos disciplinas ha sido férrea, en el pasado, como es conocido. Es suficiente recordar que, originalmente, los estudiosos del Derecho internacional no han encontrado motivos de interés en un diálogo entre «su» disciplina y el Derecho Comparado. Como Sir Henry Lauterpacht escribía hace más de ochenta años: «el hecho que las reglas municipales en un conjunto de Estados difieren de las de otro grupo es de por sí irrelevante a los fines del Derecho internacional. El Derecho internacional no se ocupa de problemas de Derecho municipal; se ocupa de relaciones entre los Estados»[36].

Siguiendo esta lectura, el *hecho* representado por las diferencias entre ordenamientos y culturas jurídicas que distinguen los Estados

---

[35] Es a la luz de esta constatación que no distinguiré en esta sede la acción del Derecho privado comparado de la acción del Derecho público comparado.

[36] Lauterpacht, H., «The So-Called Anglo-American and Continental Schools of Thought in International Law», en *12 British Y. Int'l. L.*, 1931, p. 31.

Soberanos es simple cuestión interna, mientras las relaciones entre Estados soberanos están fundadas en el principio de semejanza formal. Argumentos análogos transcurren en el tiempo.

Por su parte, los comparatistas confirman la inutilidad de relación entre las disciplinas. GUTTERIDGE, afronta el tema en su clásico libro *Comparative Law*, donde señala: «Si por el Derecho internacional entendemos los principios de justicia que debería regir las relaciones entre los Estados y las naciones, la adopción del método comparado es, a primera vista, excluida, en cuanto regla que por su naturaleza y carácter son universales, no pueden ser objeto de comparación. También donde existiese cualquier vinculación entre el Derecho Comparado y el derecho de gentes, no puede ser muy tenue»[37].

La posición de GUTTERIDGE, el cual, siguiendo la tradición inglesa, se referiría al Derecho Comparado como *método*, conduce al origen jusnaturalista del Derecho internacional, al fundamento de legitimación que resalta la pretensión de la norma de Derecho internacional de ser universal, niega, en la razón de tal naturaleza, la misma compatibilidad: «el esfuerzo de asegurar reconocimiento al Derecho natural llevó con sí una tendencia a minimizar las diferencias existentes entre los derechos de las diversas naciones y a descuidar su importancia»[38]. En consecuencia, es de particular interés resaltar como el origen «grociano» de la lectura de GUTTERIDGE se concilia perfectamente con la corriente positivista que reduce la acción de comparar el valor entre *normas formantes* (descuidando el tema de las influencias sobre su *formación*) y que ignora el problema de la puesta en acción de las reglas, mediante la aplicación e interpretación.

Entonces, si la tendencia de la comparación formal, *stile legislation comparé*, nutrida del mito del «descubrimiento de los conceptos y de los principios comunes a todas naciones civilizadas», conceptos y principios que habrían debido constituir el «*droit idéal relatif*» de SALEILLES[39], aparece hoy estrechamente identificado y superado sino dirigido por la difusión de la comparación como «teoría crítica de la

---

37 GUTTERIDGE, H.C., *Comparative Law*, cit., p. 6.

38 *Ibidem*, 11.

39 SALEILLES, R., «Conception et objet de la science juridique du droit comparé», en *Procès verbaux et documents du Congrès International de Droit Comparé*, 2 vol., París, 1905-1907, vol. I, p. 173.

sociedad y del derecho»[40], amerita detenerse en esta representación, que es reconocible en ambas clásicas citaciones reproducidas del Derecho internacional como conjunto de reglas señaladas por la no diferenciación en razón de su naturaleza universal. En efecto, esto no puede conllevar a duda del comparatista, que funda su labor en las técnicas de desvelamiento de las diferencias, incluso frente a una pretendida identidad de conceptos y reglas[41].

Como ya se ha observado, me refiero a los problemas de las definiciones, las posiciones citadas representan hoy un punto extremo en el ideal diseño que distingue entre las doctrinas positivistas y formalistas de las funcionalistas y antiformalistas. Por otra parte, se trata de una estratificación del formante doctrinal que continúa condicionando el discurso de los internacionalistas, mucho menos la doctrina tradicional que está presente, si bien con peso diverso, en todas las culturas jurídicas nacionales, según la cual el Derecho internacional es autónomo respecto a los sistemas jurídicos nacionales, siendo estos últimos órdenes aislados y soberanos en el ámbito de su competencia. La tradición, como es conocido, y más en general, resaltante en las citas expuestas en las páginas que precedieron: Por siglos, juristas y filósofos han utilizado las nociones de *Droit des gens*, *Law of Nations*, *Volkerrecht*, una serie de conceptos que difícilmente puede ser aislados por las culturas locales. La obra de BENTHAM y la posterior concentración de las doctrinas sobre la noción de *International Law*, ha reforzado el énfasis en el Derecho internacional como conjunto de normas resultantes de acuerdos intergubernativos, conduciendo así a una progresiva pérdida de importancia de la dimensión «cultural»[42]. El Derecho internacional «clásico» es, por tanto, íntima, positivista y formalista, habiendo realizado un proceso de depuración de las fuentes alternativas de derecho del todo similares al proceso conocido por los ordenamientos nacionales en el siglo de las codificaciones y poniendo en la voluntad de los Estados el criterio de validación de la norma. En tal sentido, la

---

40 Cfr. MONATERI, P.G., *Critica*, cit., p. 705.

41 Cfr. SACCO, R., *Introduzione al diritto comparato*, UTET, Turín, 1992, p. 47.

42 Entonces, se trata de un caso de «abandono» por parte del Derecho de los componentes culturales locales que no son comprendidos en las normas internacionales pactadas y elaboradas por los Estados y formalizadas en tratados y convenciones. La dimensión local, en otros términos, o es acogida en el tratado, y en tal modo se internacionaliza, o es desconocida.

rigidez formal es elemento de fundamental separación entre la voluntad política y la voluntad jurídica de los Estados.

Frente a esta representación formalista del Derecho internacional, encontramos opiniones que proponen una lectura de las evoluciones recientes en términos de reforzamiento del elemento informal. Pensemos en la integración entre Derecho de los Estados y Derecho supranacional en Europa, en ciertas normas internacionales, el frecuente recurso al *soft law*, a la aplicación de principios y cláusulas generales.

Por tanto, restrinjamos tendencias tradicionales y contra-tendencias; me parece que aún se pueda con buena razón sostener la permanencia de la hegemonía cultural representada por quien resalta la tendencia tradicional frente al Derecho internacional: esto vale tanto para las teorías de sectores, como para las declamaciones de raigambre general: «mientras el significado de las especificaciones nacionales y regionales, así como su fundamento histórico, cultural y religioso deben ser tenidos presente, es deber de los Estados, independientemente de sus sistemas políticos, económicos y culturales, promover y proteger todos los derechos del hombre y las libertades fundamentales»[43].

Entonces, la citación referida es símbolo de la tendencia formalista: el centro de la atención se concentra en la regla enunciada, no sobre sus modalidades de aplicación, ni sobre la efectividad. Esta es un ejemplo típico de enfatización de la universalidad de la norma internacional, presentada aún más posible, a partir de los años noventa, por la caída de la concepción antagonista de Derecho internacional sostenida por la ideología soviética. Este énfasis en las reglas formales, que permite confirmar tanto la naturaleza «Universal» de la Declaración de los derechos del hombre, como de los elementos normativos que desde la Declaración han tomado origen[44], mantiene

---

43 Así la *Vienna Declaration and Programme of Action*, adoptada en 1993 a consecuencia de una conferencia sobre derechos fundamentales promovida por las Naciones Unidas, en UN Doc. A/CONF.157/23.

44 La Declaración estaba fundada en la idea que algunos principios son inalienables y esto es independientemente de las ideologías o políticas practicadas al interior de los Estados. Como la Declaración tenía naturaleza de *soft law* ha tomado valor prescriptivo por vía de la adopción de diversas convenciones y tratados. Parece evidente que la búsqueda de un núcleo común de valores deben ser respetados por los Estados convocados por la comparación, la cual debe ocuparse de comparar las diversas concepciones religiosas, políticas y jurídicas que diseñan, en los diversos ordenamientos, el perfil de los derechos fundamentales.

lejana de la modalidad de producción de las reglas la amenaza del «*clash of civilizations*»[45]; esta es, por tanto, débil en el plano remedial, debiéndose regir en el limitado acceso directo de los privados a la justicia internacional.

Frente a este énfasis de la norma enunciada, las doctrinas antiformalistas comparten el proyecto de utilizar las cortes estatales para hacer «más efectivo» el Derecho internacional, favorecer la vinculación entre normas nacionales, más que atender normas internacionales uniformes y supranacionales, involucrándose con las organizaciones no gubernativas en el proceso puesto en acto de los principios de *soft law*.

Naturalmente, la pretensión de identificar normas comunes, de entrada general, no es nueva, habiendo sido fundado en buena medida los discursos de los cultores del Derecho internacional clásico dirigidos a legitimar la disciplina; la pretensión universal representa entonces otro elemento de validación del Derecho internacional, unidamente al formalismo. El problema por reflexionar es si la dimensión universal deba ser asumida como un dato de principio o si no debería, más bien, serlo el eventual éxito de un atento escrutinio de las «diferencias», fundada en la comparación.

5. Formación de las normas en el Derecho internacional

Hasta ahora lo observado en los párrafos precedentes nos conduce lejos de las definiciones tradicionales de Derecho internacional y Derecho Comparado, hacia una nueva representación de las dos disciplinas empeñadas, con estilos, métodos, objetivos diferentes, en proyectos de *governance* global que no atienden más exclusivamente a la voluntad de los Estados. Soberanidad y territorio quedan así como elementos fundados en el Derecho internacional, pero estos son estados reconstruidos y en parte «localizados» dentro de las otras arenas institucionales externas respecto a los Estados.

Podemos, por tanto, modificar los términos tradicionales de relación entre Derecho internacional y Derecho Comparado, poniendo

[45] Cfr. Weeramantry, C.G., «The International Court in a Multicultural World», en *36 Indiana J. Int'l L.*, 1996, p. 17, con consideraciones sobre el «flujo mono direccional» de conceptos del Oeste al Sur del mundo y un auspicio que la Corte Internacional refuerza su credibilidad y legitimidad cultural considerando un amplio conjunto de conceptos elaborados en sistemas jurídicos no occidentales.

atención a la modalidad de formación de la norma internacional hoy y el posible rol del Derecho Comparado. Sucesivamente, podremos observar el problema de la aplicación de las reglas (problema de la efectividad).

5.1. (Sigue): a) soberanía estatal y producción de las reglas

El rol de la comparación para fines de mejoramiento y de reforma de los Derechos nacionales ha sido ampliamente debatido, la «extraneidad» de tal rol respecto de las funciones epistemológicas de la comparación pura ha sido desde diversas sedes resaltadas, pero esto no ha impedido a los cultores de la comparación aplicarla a proyectos de reforma jurídica muy proliferados. Una amplia lectura inspirada sobre los efectos de la comparación aplicada nos informa de los resultados de tales proyectos.

El fenómeno posee un doble aspecto, que quizás no ha sido indagado de manera completa. La reforma jurídica que es introducida por la percepción de la experiencia del otro puede ahora llegar al interior de un ordenamiento, para actuar en un contexto de adaptación y armonización que involucra más ordenamientos, siendo así dotada de aspectos de internacionalidad. Lentamente tal contexto es señalado por la existencia en un verdadero proyecto de gobierno de la reforma jurídica coordinado en sede internacional. El valor epistemológico del Derecho Comparado se diferencia así en relación a los objetivos por el cual el modelo comparado es utilizado, mientras el cambio del Derecho nacional, dirigiéndose al examen de experiencias jurídicas diversas, tendientes a resolver, en efecto, lo que se producen en el ámbito del singular ordenamiento y siguiendo las reglas que en el ordenamiento presiden a la formación del .

La evolución de las modalidades de actuación de estas normas internacionales y supranacionales hace así que se modifiquen también las tipologías de control sobre la efectividad, que asumen modalidades nuevas en función de la necesidad de verificar el comportamiento no sólo de los Estados, sino también de los otros sujetos involucrados en el proceso normativo[46].

---

[46] Cfr. FERRERI, S., «Le fonti a produzione non nazionale», en PIZZORUSSO, A. y FERRERI, S. (al cuidado de), *Le fonti scritte. Trattato di diritto civile por R. Sacco*, vol. I, UTET, Turín, 1998, pp. 270 y ss.

Si se observa el proceso de «oferta y recepción» de nuevas normas en las cuales son parte organismos internacionales (como sujetos promotores) y Estados (en vía de desarrollo, en transición o de reciente independencia)[47] y las modalidades de descripción del proceso, aparece evidente que el Derecho internacional mantiene, también frente a una semejante competición entre organismos internacionales, portadores de intereses parcialmente autónomos y respecto al interés manifiesto del concierto de voluntad de los Estados miembros, la «ficción de la soberanía» como paradigma dominante que legitima las operaciones de *legal change*.

Las reformas legislativas se presentan al centro del proceso de circulación de nuevos modelos; la presencia de un cuerpos de fuentes escritas es asumido como parámetro de valoración de la «conformidad» de un ordenamiento a un modelo de referencia (por ejemplo, el Derecho de un Estado de Europa centro oriental, respecto al «Derecho comunitario»). El discurso es, en otros términos, centrado en el formante legal, y esto tanto como modelo de circulación como contenido en un dato normativo explicitado, que se trate de un modelo organizativo (de la economía o de la política) «amplio», de revestir y concretizar dentro de formas jurídicas[48].

De las dos hipótesis indicadas, la primera, que podremos definir neo positivista, debilita la función epistemológica del Derecho Comparado como soporte para una circulación y recepción de modelos jurídicos[49], y permite al Derecho internacional elevar el grado de la abstracción, con fin de mantener intacta la ficción de universalidad de la norma. Gracias a esta operación, el Derecho internacional está en capacidad de salvaguardar la representación de sus reglas como ordenamiento neutral, especialmente de síntesis técnica puesta por

---

47 Véase, AJANI, G., «By Chance and Prestige: Legal Transplants in Russia and Eastern Europe», en *43 Am. J. Comp. L.*, 1995, p. 93.

48 Por ejemplo, la disciplina del antitrust, como modelo de organización de las relaciones económicas, que puede concretizarse en diversas formas jurídicas.

49 Existe, como es conocido, una misma y excelente lectura en las relaciones entre norma, excepción, contexto social. Esta lectura, más aún, no se encuentra en capacidad de incidir en el hecho de una conjunta circulación de modelos legales, que acontece bajo el estímulo de organismos internacionales y de recepción de los modelos, que acontece por voluntad (frecuentemente guiadas por consideraciones de oportunidad internacional) de los parlamentos o de los gobiernos de los Estados receptivos.

encima de los Derechos estatales y legitimado por ficción de paridad y de igual sentido de los Estados miembros de la comunidad de naciones.

Pero la presión a reconocer situaciones de «conflicto de valores entre culturas» aumenta[50] y parece necesario, para salvaguardar la idea del Derecho internacional como conjunto neutral de reglas válidas para cada nación, abstraer las modalidades de formación del Derecho internacional, con el fin de evitar las confluyentes interferencias de culturas locales. Esto es evidente por cuanto refiere a las influencias en sentido lato cultural (que comprenden también la dimensión religiosa) y las políticas[51] tanto lo que refiere a las influencias de cultura

[50] Y esta, como se ha afirmado, aumenta también por la razón del fin del conflicto entre Este-Oeste, conflicto que, desde el punto de vista de las formas del Derecho, acontecido en cierto caso al interior de una cultura jurídica occidental. Son significativos de la expresión para reconocer situaciones de conflicto entre valores ya considerados comunes a las «*Naciones Civilizadas*», los casos representativos por la negociación sobre la Convención contra la Tortura y las otras penas degradantes, crueles o inhumanas o por la Convención sobre los Derechos de los menores; ya sea durante la negociación, ya sea posteriormente, al momento de la interpretación de algunas partes del articulado, objeciones respecto a algunas protecciones contenidas en los textos han sido avanzadas por la parte islámica en cuanto en conflicto con principios de origen sharaitica. Estas presiones representan formas alternativas respecto a la reserva explícita, que tienen un efecto de validez general sobre la letra de la norma, induciendo una mayor vaguedad.

[51] Se nota que muchos observadores aparentes a las áreas de los países en vía de desarrollo no reconocen valor a la tesis sobre el conflicto intercultural que debería distinguir el nuevo Derecho internacional: en estos prevalece la preocupación que reconoce atenciones al localismo pueda conducir a una reconfirmación de la posición hegemónica de las culturas de la *Wester legal tradition*. Otros aún ven en el «*clash of civilization*» un tema eminentemente político y no cultural: «es el conflicto de intereses entre Estados de nueva independencia y potencias occidentales, más que diferencias culturales o religiosas, que determina hoy una influencia sobre los desarrollos del Derecho internacional », así ANAND, R.P., «Attitudes of the Asian-African States Toward Certain Problems of International Law», en SNYDER, F.E. y SATHIRATHAI, S. (al cuidado de), *Third World Attitudes Towards International Law, Boston*, Dordrecht, 1987, p. 17. Confirmándolo se puede citar, a modo de ejemplo, la Carta de los Derechos y de los deberes económicos de los Estados, adoptada con la resolución de los deberes económicos de los Estados de la Asamblea General de las Naciones Unidas, n. 3281 del 1974 y a favor de las cuales votaron sólo 120 Estados (africanos y asiáticos, latinoamericanos, y de área soviética), con la oposición de Alemania, Gran Bretaña, Estados Unidos y la abstención de Italia. Se trató, evidentemente, de un caso de conflicto de intereses económicos y no entre «culturas».

jurídica. Pero es fácil recordar los innumerables ejemplos de «vaguedad» del derecho escrito en sede de redacción de convenciones y tratados, debido a una consciente incapacidad de los redactores del texto a encontrar la regla técnica común, o al menos no en conflicto, con el dato jurídico existente en los ordenamientos de los países partes del acuerdo[52] o bien en una inconsciente percepción de la deformación entre reglas operativas de los países adherentes[53].

En un cierto sentido, se puede decir que el Derecho internacional tradicional se funda también en un proceso de «comparación negativa», dirigido a identificar el nivel propio de acuerdo entre culturas jurídicas diversas.

Se reproduce, en tal modo, la división de campo entre las competencias de *governance* global del Derecho internacional, que con el fin de mantener el grado de universalidad inducen a una exasperación de la generalidad y abstracción de las reglas, y las competencias de

---

[52] Por todos, el ejemplo representado por el silencio de la Convención de Viena de 1980 sobre la venta internacional de bienes muebles en relación a la modalidad de transferencia del bien.

[53] Es conocido el ejemplo de la revisión de la Convención de Varsovia de 1929 en materia de tráfico aéreo: en vía de discusión es afrontada la propuesta estadounidense de extender el principio de responsabilidad a *servants and agents*. Sobre la base de la traducción francesa, la noción de noción de *servants and agents* fue traducida con *préposés;* esta noción es más amplia que la utilizada en el *common law,* la cual no comprende, por ejemplo, el concepto de *independent contractor.* La extensión de la responsabilidad en *servants, agents* y *préposés* sería así resuelta en una amplia responsabilidad bajo el régimen de los ordenamientos de *civil law.* Análogas cuestiones de traducción surgirían, en razón de la Conferencia para la revisión de la Convención de Varsovia de 1929, en relación al concepto de *line* y a su uso como forma de garantía. Esto, en cuanto el *line* es concepto de *lien* del *common law* utilizado también en *civil law,* pero limitadamente a relaciones reguladas por el Derecho marítimo. Con el fin de evitar una diversa lectura, en posteriores comparaciones en vía de aplicación de la Convención, las partes elegirían prefiriendo recurrir a una fórmula genérica, que sin mencionar tipos individualizados de garantías, hacía referencia a «*any other similar securing instrument*». Esta generalización habría podida ser evitada recurriendo a las técnicas de descomposición de las reglas en el conjunto de las reglas operativas que lo componen. Tal perspectiva de los problemas de traducción jurídica induce necesariamente a compromisos entre las diversas soluciones nominales y a la elección de reglas genéricas. Esto representa una externalización del costo de homologación de los datos a cargo de los sujetos que serán convocados aplicar e interpretar las Convenciones.

contrastes y armonización de las culturas jurídicas, propias del Derecho Comparado, que son paralizadas desde una difundida conciencia de los límites a la integración representadas por los particularismos y por las diversidades[54].

El mantenimiento de la ficción de plena soberanía (y la correlativa exasperación del rol como fenómeno legislativo) como se ha se señalado, conduce a descuidar fenómenos de importancia, como por ejemplo, la acción privada de los grupos de interés.

Ponemos el caso del respeto a los derechos sociales de los trabajadores en el contexto internacional: es del todo evidente que la política de las organizaciones no gubernamentativas que asumen la tutela de tales derechos es dirigida no solamente hacia los gobiernos o hacia los organismos internacionales (OIT), sino también hacia la negociación de códigos de conducta -formulación y dirigirlas al interlocutor primario, vale decir las empresas multinacionales-. Cuando los grupos de presión, mediante un prudente empleo de los *medios* y de las políticas de influencia de los consumidores, han adoptado estos códigos, realizan, en un espacio que es externo respecto al derecho oficial, ya sea al respeto al derecho aplicado, una tutela de intereses y derechos que consideran no obtenible a través de la acción intergubernamental[55].

Toma así cuerpo el reforzamiento de instancias alternativas (o concurrentemente respecto a los Derechos estatales) a través de la circulación de modelos. En este contexto la comparación puede desarrollar la función de legitimación de las instancias.

La intensificación de la fragmentación y del pluralismo de ordenamientos lleva a reforzar la pretensión que el Derecho

---

[54] «La rama del Derecho que habría sido destinada a «administrar» la globalización jurídica habría debido ser el Derecho Comparado. Más aún, se ha tratado de un ausente encontrado, que es resuelto en la historia de un error y una derrota»: MONATERI, P.G., «Globalizzando il diritto», en *Biblioteca della libertà,* 1998, pp. 31 a 32.

[55] Cfr. CASSEL, D., «Corporate Initiatives: A Second Human Rights Revolution?», en *19 Fordham Int'l L.J.,* 1996, p. 1963. Interesantes problemas sobre las relaciones entre códigos de conducta y sistemas de las fuentes del Derecho interno e internacional en ODDENINO, A., «La rilevanza dei codici di condotta nella regolamentazione dell'attività delle imprese multinazionali», en PORRO, G. (al cuidado de), *Studi,* cit., p. 69.

internacional sea capaz de elaborar un orden universal abstracto; pero esto crea inevitables fricciones: es suficiente notar que el reclamo frecuente al respeto de los derechos humanos por parte de actores privados (por ejemplo, *Ammesty Internacional*, los *mass media*) no legitimados ni en sede internacional, ni en ciertos casos en sede nacional, determina una expectativa insatisfecha de reglamentación también en los ordenamientos que no han positivizado la tutela de los derechos fundamentales «reconocidos por las naciones civiles».

Un fenómeno no muy diferente es el que está caracterizando los comentarios y estudios posteriores a la presentación de la Carta de los Derechos de Niza.

Esto interesa en particular en los sistemas de *civil law*, marcados por una estructural incapacidad a teorizar una «estructura abierta» de las fuentes (en tal sentido, una mayor capacidad para reconocer a algunos sectores de la práctica profesional)[56].

Las doctrinas que han atacado la efectividad de la jerarquía de las fuentes y contestado el principio de coherencia de la norma, limitándose a discutir el dato jurídico estatal, no desarrollando instrumentos críticos para un ajuste del sistema de las fuentes escritas al proceso de globalización.

Con un proceso especular respecto a lo practicado en el siglo de las codificaciones (y en época más tardía por los ordenamientos que han llegado con retardo a la modernización), observamos que las fuentes marginadas (jurisprudencia, costumbre, doctrina) regresando al centro del discurso de los juristas. Y no es raro encontrar intentos de explicación del nuevo orden jurídico global como fenómeno espontáneo de subsumir dentro la «honorable, pero falsa, categoría del Derecho consuetudinario»[57].

La aceleración de la exigencia de normación internacional, unida a la dificultad de componer en tiempos breves dentro de proyectos de convención o de codificación internacional las diversidades reconocidas, pueden ser identificadas como las causas de una inversión

56 Cfr. GLENN, P., «Comparative Law and Legal Practice: on Removing the Borders», en *75 Tulane L. R.*, 2001, p. 1097.

57 La expresión es de TEUBNER, el cual critica los intentos de cierta doctrina de forzar los presupuestos clásicos que se ofrecen al fenómeno.

de tendencia en la valoración de la codificación como proyecto de *governance* y en la rehabilitación de la costumbre.

No interesa, entonces, el redescubrimiento de la fuente consuetudinaria respecto a la inercia de la doctrina en la elaboración de una nueva estructura de fuentes en la capacidad de tener en cuenta, sin las ficciones requeridas para recurrir a la costumbre, de las nuevas modalidades de formación de las reglas. Más que nada, apremia resaltar como la comparación, en este juego de competencia entre fuentes, tiene la capacidad de incidir en el momento subjetivo, favoreciendo y legitimando el alargamiento de la categoría de los que practican ciertas soluciones y que no se hayan opuesto.

5.2. (Sigue): b) Derecho público, Derecho privado y formación de las reglas

Es difundida una lectura que presenta el Derecho internacional como el instrumento más idóneo a la comprensión del Derecho globalizado, del *global law without a state*[58], en cuanto legítima las organizaciones internacionales como nuevos actores y reconoce también a los individuos a la tutela transnacional de sus derechos[59]. Una tendencia institucional rígida vinculada a la manifestación formal de la norma, no favorece a la comprensión de los mecanismos que conducen a la producción de normas globales. Se hacen útiles los instrumentos elaborados por el Derecho Comparado para comprender el fenómeno de la competición entre modelos jurídicos y entre formantes al interior de cada ordenamiento[60]. Mecanismos análogos a los descritos por los comparatistas con atención a la competencia entre formantes al interior de los ordenamientos nacionales se desarrollan en la arena del Derecho internacional, donde centros normativos públicos y privados se confrontan; el Derecho internacional de la economía, usando instrumentos de normación supranacional, en efecto, determina objetivos competitivos entre los Estados, que resuelven también en la adopción de reglas dirigidas a favorecer,

---

[58] Es el título conocido del volumen colectivo, a cargo de Gunther Teubner, Dartmouth, Aldershot, 1997.

[59] Cfr. Brietzke, P., *op. cit.*

[60] Sobre los efectos de la competencia entre formantes se remite a Mattei, U. y Monateri, P.G., *Introduzione breve al diritto comparato*, CEDAM, Padua, 1997, p. 22.

dentro de los límites reconocidos por diversos *standars* de armonización puesto a nivel supranacional, las economías nacionales. Deviene ahora difícil identificar la naturaleza pública o privada de las reglas, como es difícil poner de una parte o de la otra de la tradicional división entre público y privado la actividad dirigida por sujetos como la OMC[61].

El reconocimiento que las fuentes de producción del derecho se encuentren hoy también más allá de los contextos estatales conduce al reconocimiento de la existencia de un sistema normativo espontáneo y privado y al contemporáneo reconocimiento de la erosión de los tradicionales límites entre Derecho público y privado. No se trata solamente de la conocida «pérdida de control de los Estados» sobre los procesos económicos[62], que incide en la formación de los Derechos estatales y por consiguiente sobre la formación del Derechos internacional y del equilibrio de tal pérdida con una toma de control del «Derecho transnacional» (al interior del cual las distinciones tradicionales entre Derecho privado y público se pierden), pero también de una nueva lectura, que podemos definir «realista», de las modalidades de acción gubernativa. Si observamos la praxis de los negocios internacionales, en efecto, notamos que solamente un número reducido de Estados elaboran, habiendo consultado los grupos de interés internos y supranacionales, una efectiva «política gubernativa», como premisa a las políticas intergubernativas que permiten los acuerdos bilaterales y multilaterales. Otros Estados no aparecen en capacidad de seguir este proceso, así quedando «capturados» por intereses externos. Esto significa que actores no estatales están en capacidad de disimular políticas «privadas» detrás de un esquema de tipo gubernativo y, en consecuencia, público.

6. Aplicación de las normas en el Derecho internacional: a) Interpretación y culturas jurídicas locales

Los cambios estructurales en la economía global conducen a cambios de importancia en el derecho y en la política. Como ha sido

---

[61] Cfr. FERRARESE, M.R., *Le istituzioni della globalizzazione. Diritto e diritti nella società transnazionale*, Il Mulino, Bolonia, 2000, pp. 59 y ss.

[62] Cfr. SASSEN, S., *Losing Control*, New York, Columbia Univ. Press, 1996, así como: STRANGE, S., *The Retreat of the State. The Diffusion of Power in the World Economy*, Cambridge Univ. Press, Cambridge, 1996.

observado, «en la época de las redes, las relaciones de los ciudadanos con las instituciones de la política del Estado están en competencia con el conjunto de las conexiones que los mismos individuos establecen más allá de la política»[63]. En consecuencia, la política, lejos de ser el principio organizativo primario de la vida social, aparece como una actividad secundaria, más bien como una construcción artificial, poco adaptada a resolver los problemas prácticos del mundo contemporáneo». Este cambio en el rol de la política se acompaña a una fragmentación de los poderes, que en definitiva interesa no solamente el problema de cómo determinadas decisiones son asimiladas, sino también el problema de su impacto sobre los «sistemas»[64] locales.

Una cierta incapacidad de los legisladores estatales y del derecho negocial internacional de regular las situaciones de la economía globalizada no se acompaña con una pérdida de importancia del aspecto remedial. Al contrario, una disminución de la regulación ha andado a igual paso con un aumento del énfasis sobre las diversas formas de *adjudication*.

Tradicionalmente, el Derecho internacional ha asumido una identidad entre el concepto de cultura[65] y el concepto de nación. Frente a la tendencia promovida por la filosofía post-moderna, a deconstruir el concepto de cultura y a rediseñarlo como expresión de ideologías de grupo[66] (y del menos reciente rechazo, por obra de los antropólogos, de la integridad del concepto de cultura)[67], la doctrina internacionalista dominante ha permanecido diferente a la influencia de las culturas (también jurídicas) locales, defienden la presunción de universalidad

---

63 Guéhenno, J., *The End of the Nation State*, Univ. of Minnesota Press, Minneapolis, 1995, p. 19.

64 El término sistema hace referencia a una realidad que es más amplia que la comprendida por el término ordenamiento.

65 En general, sobre el concepto de cultura, como «sistema dinámico de elementos de conocimiento, cuyas convenciones, creencias y reglas permiten a los miembros de una comunidad de relacionarse entre ellos y hacia el mundo externo de comunicar y desarrollar capacidades intelectuales»: «Canadian Commission of UNESCO, A Working Definition of Culture», en *6 Cultural Trends*, 1977, p. 83. Véase también Kahn, P.W., *The Cultural Study of Law*, Univ. Press, Chicago, Chicago, 1999.

66 Cfr. en tal sentido, , R.J., «Culture as Explanation: Neither All Nor Nothing», en 22 *Cornell Int'l L. J.*, 1989,

67 Véase Cotterell, R., «The Concept of Legal Culture», en Nelken, D. (cur.), *Comparing Legal Cultures*, Dartmouth, Aldershot, 1997, p. 13.

de la regla internacional[68]. En consecuencia, el proceso de formación del Derecho internacional, con el fin de mantener intacta la ficción de la universalidad de sus normas, también frente al crecimiento del regionalismo, está constreñido a alzar el nivel de abstracción de las normas.

El Derecho Comparado, ante la fragmentación del *Volksgeist* de las naciones en una pluralidad de culturas jurídicas de sectores, que son al mismo tiempo subnacional y transnacionales, expuesto en atención de los caracteres y estilos nacionales de los ordenamientos a los aspectos puestos en acción: esto es evidente tanto en las investigaciones de quién se concentra en el *legal process* como momento caracterizante de los ordenamientos, como en quien pone énfasis en los actos para jurídicos y extra nacionales de caracterizaciones de los sistemas[69]. Esto no es otra cosa que una continuación de un movimiento para el reconocimiento de efectividad global de las decisiones jurídicas locales, desarrolladas por la Convención de Bruselas de 1957 sobre el reconocimiento y la ejecución de las sentencias en materia civil y comercial y de la casi contemporánea Convención de Nueva York de 1958 sobre el reconocimiento de las decisiones arbitrales.

Nos encontramos en el punto central de la relación entre Derecho internacional y comparación jurídica: el punto relativo al impacto entre reglas del Derecho internacional y reglas pertenecientes a las culturas jurídicas locales.

El problema puede ser examinado colocando en la relación la elaboración desarrollada por los comparatistas sobre la relación entre derechos y culturas con las praxis de las cortes internacionales de justicia. Praxis que es nada menos que interpretación de normas, pero es también, y con mayor frecuencia respecto al pasado, de creación de reglas (que se desarrollan habitualmente bajo las sendas de la

---

68 Véase, por todos, RENTELN, A., *International Human Rights: Universalism Versus Relativism*, Sage Publications, Newbury Park, 1990.

69 VAN HOECKE, V. M. y WARRINGTON, M., «Legal Cultures, Legal Paradigms and Legal Doctrine: a New Model for Comparative Law», en *47 Int'l Comp. L.Q.*, 1998, p. 495; véase también para una concepción holística de la cultura jurídica: CHIBA, M., «The Identity Postulate of a Legal Culture», en *30 Archiv fur Recht uns Sozialphilosophie*, 1988, también: MATTEI, U., «Verso una tripartizione non eurocentrica dei sistemi giuridici», en *Scintillae Iuris. Studi Gorla*, Giuffrè, Milán, vol. I, pp. 775 y ss.

interpretación), en cuanto las aceleraciones de la economía globalizada intensifican no sólo la cooperación entre Estados en identificar reglas internacionales (en materia, por ejemplo, de responsabilidad por daños de derechos de los trabajadores), pero también de su *competencia* (el que determina un incremento del contencioso, requiriendo a las cortes la posición de nuevas reglas de solución de los conflictos).

Entonces, si observamos en primer lugar las opiniones de la doctrina internacionalista sobre la influencia de la cultura sobre el Derecho internacional, notamos que muchos juristas pertenecientes a sistemas africanos o asiáticos niegan una influencia de factores culturales sobre el Derecho internacional: «a pesar de todas las diferencias religiosas y culturales, el objetivo de los Estados africanos y asiáticos sobre el Derecho internacional no ha sido significativamente diferentes de los *partners* latinoamericanos o europeos. Pueden haber tenido diferencias en el pasado, pero la realidad de la moderna organización estatal y de la vida social al interior de los Estados, sin duda, ha superado cualquier diferencia de nivel, sea de orden filosófico, como de orden ético»[70].

Diferentemente, autores pertenecientes a la *western legal tradition* aparecen siempre más cercanos a la idea que las diversas y contrastantes perspectivas locales del Derecho internacional conduzcan a un «*clash of civilizations*»[71].

Frente a un conflicto doctrinal abierto en la relación entre culturas locales y Derecho internacional, parece útil verificar las teorías a la luz del objetivo y de la praxis de los jueces internacionales. La literatura especializada de investigaciones empíricas sobre los objetivos de los jueces es amplia[72] y concordante al desarrollar el siguiente dato: los jueces de las mayores cortes internacionales niegan la idea que sus culturas nacionales influencien estilos y contenidos de pertenencia a una «cultura global», al interior de la cual las culturas peculiares cesan de tener efecto; estos parecen compartir una «presunción de

---

70 SARIN, M.L., «The Asian-african States and the Development of International Law», en SNYDER, F.E. y SATHIRATHAI, S. (al cuidado de), *op. cit.*, p. 43.

71 RENTELN, A., «Cultural Bias in International Law», en *The American Society of International Law. Proceedings of the 94th Annual Meeting*, cit., p. 235; BELVISI, F., «Rights, World Society and the Crisis of Legal Universalism», en *Ratio Juris*, 1996, p. 60.

72 Cfr., entre otros, STURGESS, G., *Judging the World: Law and Politics in the World's Leading Courts*, Butterworths, Sydney- Londres, 1988.

universalidad», según la cual los *standars* del Derecho internacional son aplicados sin tener en cuenta el contexto cultural.

Hasta aquí nada nuevo. El comparatista encuentra análogas afirmaciones en los jueces y los doctrinarios nacionales cuando indaga las declaraciones sobre la relación, por ejemplo, entre «significado de la norma» e interpretación. Gracias a una familiaridad con los problemas de disociación entre declaraciones y reglas operativas, el comparatista está en capacidad de señalar los criptotipos que caracterizan la acción de los intérpretes. Esta técnica puede aplicarse al examen de la jurisprudencia de la Corte Internacional de Justicia, al interior de la cual, a consideración de las afirmaciones sobre la total irrelevancia de las culturas bajo la operación de los jueces, es usual encontrar diferencias en relación al estilo (reticencias de los jueces franceses o de formación francesa a redirigir *opinions* individuales[73]), a las reglas procesales[74], a las reglas sustanciales[75].

Frente a estos datos se puede exigir si la presunción de universalidad de la norma internacional, reforzada por la percepción de los jueces de la Corte Internacional como élite de juristas que comparten una «cultura global» y que aplican reglas neutrales (generales y abstractas) no están en cierta medida erosionadas por la reciente proliferación de cortes internacionales, muchas de las cuales desarrollan competencias regionales o *ad hoc* y por tanto «no globales», en cuanto limitadas en su acción, en sentido espacial o bien en sentido temporal), así como por una creciente hostilidad de ciertos comentaristas no occidentales sobre una no declarada «parcialidad euro céntrica» de las Cortes.

Centrándonos en el primer punto señalado, relativo a la proliferación de las Cortes.

6.1. (Sigue): b) El problema de la efectividad y la proliferación de las Cortes

Contemporáneamente al cese del conflicto Este-Oeste y el nacimiento del regionalismo, el Derecho internacional ha asistido a la

---

[73] Cfr. JESSUP, P., «Diversity and Uniformity in the Law of Nations», en *58 Am. J. Int'l L.*, 1964, p. 341.

[74] Cfr. HIGGINS, R., «Diverging Anglo-American Attitudes to International Law: Introductory Statement», en *17 Int'l Comp. L.Q.*, 1968, p. 58.

[75] Por ejemplo, invalidez del principio de las transacciones con el enemigo en *common law*, nulidad por expresa constitución del legislador en el *civil law*.

proliferación de las cortes, en menos de dos décadas casi treinta nuevos organismos de justicia han sido creados, llevando aproximadamente a cincuenta el número total de las cortes internacionales. Tales proliferaciones tienen diversas causas; lo que nos interesa reside en la trituración del sistema de las fuentes. Como es evidente, no todas las cortes en cuestión son cortes con competencia global, tratándose en muchos casos de institucionales vinculadas a fenómenos de regionalismo o a relaciones bilaterales[76]. Esto ha determinado un crecimiento exponencial de los fallos jurisprudenciales (también derivado de la pérdida de capacidad de las fuentes escritas que regulan fenómenos nuevos o rápidamente emergentes), una parcial cobertura, presente en la jurisprudencia de la Corte Internacional de Justicia y una difusión «en red» de un diálogo entre cortes, en particular en materia de *Human Rights*[77]. Asimismo, esto ha causado también frecuentes problemas de sistema, en particular en cuanto refiere a las relaciones con los Derechos nacionales en materia de exclusividad (o de complementariedad) de la jurisdicción, de régimen de las pruebas, de legitimación (de sujetos privados de personalidad jurídica internacional). Sobre este aspecto, como es conocido, la heterogeneidad de las reglas es extrema[78]. En efecto, el problema de la legitimación depende de las reglas que gobiernan la acción de cada corte internacional y mientras la Corte internacional, los paneles de la OMC[79], mantienen limitado el requisito

76 Véase en general, ROMANO, C.P., «The Proliferation of International Judicial Bodies: the Pieces of the Puzzle», en *31 N.Y. Univ. J. Int'l L. & Pol.*, 1999, p. 723.

77 Véase HELFER, L.R., «Forum Shopping for Human Rights», en *148 Univ. Penn. L. Rev.*, 1999, p. 285.

78 El «desorden» del *legal process* internacional es efecto del pluralismo jurídico. Sobre la relación entre «desorden» del sistema normativo y «orden» de la sociedad globalizada véase las consideraciones de TEUBNER, G., *Private*, cit.

79 El Derecho aplicado remite mensajes siempre más frecuentes de fricciones entre la doctrina tradicional en tema de fuentes y de representación y las exigencias de la práctica. Es conocido el caso de Santa Lucia, vinculada al «*Banana case*» que ha visto contraponerse a Europa comunitaria y los Estados Unidos. En particular, el gobierno del Estado de Santa Lucia, se adhirió como tercer interviniente confiando la representación a dos abogados no ciudadanos. El panel de la OMC negó legitimación en razón de la naturaleza «no gubernamentativa» de los representantes de Santa Lucia. El problema fue la toma de una decisión del *appellate body* que, en una suerte de obiter, afirmó el Derecho de todo Estado a elegir libremente a hacerse representar por cualquier sujeto en las actividades de organismos internacionales. Cfr. LAIDHOLD, M., «Private Party Access to the WTO: Do Recent Developments in International Trade Dispute Resolution Really Give Private Organizations a Voice in the WTO?», en *12 The Transnational Lawyer*, 1999, p. 184.

de la legitimación, otras cortes reconocen el derecho de acción a los privados en los conflictos con los Estados (no sólo las dos cortes europeas de Estrasburgo y Luxemburgo, sino también, por ejemplo, el Tribunal para las disputas entre EEUU e Irán), mientras algunas cortes penales internacionales reconocen también la legitimación pasiva de los privados.

Análoga disparidad de reglas existentes, por la diversidad de las elecciones realizadas con referencia a los tratados, en materia de prueba.

Estos signos son suficientes para sostener la opinión que el «*Access to justice*» en el Derecho internacional es hoy un fenómeno asistemático, privado de la universalidad que tradicionalmente caracteriza los discursos sobre la norma internacional y pobre de investigación comparada y valorativa. La heterogeneidad del fenómeno, así como de las situaciones vinculadas a la justicia internacional, antes entre todas las motivaciones (¿coerción? ¿Oportunidad económica? ¿Oportunidad política?) que inducen a los Estados a obedecer a las cortes internacionales[80], sugieren adoptar un modelo transnacional, más que internacional, de análisis del *legal process* desarrollado por las cortes de justicia internacional[81].

6.2. (Sigue): c) ¿Neutralidad euro céntrica?

En cuanto refiere al problema de la hostilidad de parte de los comentaristas hacia la dependencia cultural de la Corte Internacional de justicia por la *Wester Legal Tradition*, es interesante resaltar que estas críticas se centran en los aspectos, por así decir, más «políticos» de la diferencia cultural, como son los problemas relativos al idioma (inglés o francés), al peso de los componentes occidentales, hasta definir, en la opinión de los críticos más radicales, la corte como «*Western European Court of Justice*»[82]. El conflicto entre una teoría del

---

80 Cfr. KOH, H.H., «Why Do Nations Obey International Law?», en *106 Yale L.J.*, 1997, p. 2599.

81 Sobre el impacto de las nuevas cortes internacionales sobre el comportamiento político y diplomático de los gobiernos, véase ALFORD, R.P., «The Proliferation of International Courts and Tribunals: International Adjudication in Ascendance», en *The American Society of International Law. Proceedings of the 94th Annual Meeting*, cit., p. 160.

82 TIEYA, Wang, «The Third World and International Law», en MACDONALD, J. y JOHNSTON, D.M. (al cuidado de), *The Structure and the Process of International Law*, Nijhoff, Dordrecht, 1993.

Derecho internacional como un conjunto de reglas de naturaleza universal y una percepción de la Corte como judicatura culturalmente parcial no puede más que tener efectos negativos en la legitimación del *jus decidere* de la Corte. No es esta la sede para ocuparnos si la extensión de este tipo de crítica ha sido acompañado con una proliferación de órganos judiciales sectoriales o regionales.

En un diverso plano se puede resaltar que la coexistencia entre universalismo y regionalismo conlleva cuestiones de consideración, relativas a la influencia del regionalismo en los principios que tradicionalmente han regido el Derecho internacional, como: ¿es posible una aplicación diversificada de los principios generales? ¿Una costumbre acertada a nivel regional, pero no universal, puede ser relevante en las relaciones entre sujetos de una determinada realidad regional? ¿Se puede pensar en costumbres de subjetividad restricta?

Al afrontar estos problemas la comparación aparece en capacidad de aportar una contribución. Se trata de la experiencia ya desarrollada en los procesos de uniformización del derecho y ha dirigido a desarrollar otros campos con mayor detalle, derivados de la tendencia funcional y de las técnicas disociativas, sobre relaciones entre reglas y su aplicación.

7. Los principios generales y los criterios de integración de la norma

En el marco representado falta una descripción del problema del conflicto técnico entre reglas de pertenencia en ordenamientos jurídicos diversos, pero pertenecientes al mismo sistema cultural (por ejemplo, *Wester legal Tradition*). Mientras, por una parte, la negativa de la generación de las reglas por motivos políticos ha llevado a descuidar el tema de la diversidad entre reglas de detalle, de otra parte, la presunción de universalidad de la norma ha ocultado el problema de la diversidad entre culturas jurídicas pertenecientes a una homogénea selección de valores políticos, religiosos, en sentido lato culturales.

Todo esto ha condicionado la lectura del art. 38 del Estatuto de la Corte Internacional de Justicia. Como es conocido, el Estatuto de la Corte reconoce a sus jueces la facultad de aplicar, más allá del derecho negocial y a las costumbres internacionales «los principios generales reconocidos por las naciones civiles» (art. 38.1 (c)). En la doctrina tradicional era difundida la convicción por la cual se puede recurrir a la costumbre en cuanto no sean normas escritas aplicables y se puede recurrir a los principios generales del derecho en cuanto no sean verificables costumbres a las cuáles hace referencia[83]. El contenido del art. 38.1 (c) ha sido así subvalorada por décadas, con el fin de limitar las recíprocas interferencias entre Derecho internacional y Derechos locales. También a causa de la posición de la doctrina internacionalista soviética, que buscaba resaltar la originalidad y superioridad del derecho socialista, el nivel de abstracción de los principios generales ha sido tal de hacer prácticamente imposible el recurso a un «*common core*» de reglas operativas comunes a los diversos ordenamientos nacionales. En consecuencia, los principios mencionados en el art. 38. 1 (c) han sido reducidos a un simple conjunto de indefinidos valores morales.

Hoy, caído el dogma de la incomparabilidad entre ordenamientos de tipo socialista y ordenamientos capitalistas, frente a un creciente reconocimiento de la pérdida de significado entre ordenamientos jurídicos nacionales[84], la doctrina internacionalista reconoce con mayor generosidad la naturaleza interrogativa del sistema de las fuentes del art. 38.1. (c) como norma que justifica la aplicación de reglas generalmente reconocidas tratadas por el Derecho municipal.

Entonces, el problema es el siguiente: ¿cuál es el nivel de aceptación «general», considerando que un principio jurídico no puede operar al interior de un esquema político mayoría/ minoría?

La tensión entre el dogma del valor universal de las normas del Derecho internacional y la afirmación de un «*clash of civilizations*» tiene efectos sobre la lectura del fundamento de los principios generales. Una lectura que ha sido cambiante, como es conocido, mutando a partir posiciones jusnaturalistas[85] (reconociendo ciertos principios como fuentes propias del ordenamiento internacional, independientes

83 Esta conclusión, no se obtiene de la lectura de la norma, la única hipótesis expresamente contemplada de recurso a una fuente en cuanto las otras resulten inutilizables es la que contra distingue el literal (d) del art. 38.1.

84 Ampliamente, sobre la fragmentación de las culturas jurídicas nacionales y sobre la agravación de nuevos retos de vinculación con los intereses de sectoriales, véase Teubner, G., «»La Bukowina globale»: il pluralismo giuridico nella società mondiale», en *Sociologia e politiche sociali*, n. 2/1999 (v. Ruggeri), pp. 49 y ss.

85 Cfr. Spiropoulos, J., *Théorie générale du droit international*, LGDJ, París, 1930.

respecto a los Derechos positivos nacionales), con la variante de la identificación del contenido de los principios con los conceptos del Derecho romano, para arribar a posiciones positivistas[86] (aplicabilidad de los principios en cuanto reconocidos por los Derechos positivos de los Estados), particularmente fuertes en la doctrina internacionalista italiana[87].

El tema asume hoy aspectos nuevos, en cuanto se trata de identificar el método y los procedimientos para concentrarse en principios comunes y a un género de ordenamientos unidos, por ejemplo, de la acción de organismos internacionales de nivel regional o de interesados por la jurisdicción de cortes *ad hoc*, sobre la proliferación de las que ya se ha señalado. Entonces, se debe resaltar la oportunidad (hoy ausente) que las técnicas elaboradas por la comparación más satisfactoriamente lleven a identificar qué elementos son relevantes respecto a los principios y se constituyen como parte esencial, más allá del dato ofrecido por el formante legal.

La verificación de las posiciones doctrinales mediante el examen de la obra de la Corte Internacional de justicia muestra, nada menos, que una consolidada tendencia de los jueces a «generalizar» las reglas remitidas a los ordenamientos jurídicos nacionales, actividad que reduce el recurso al método comparativo a «un modelo de argumentación de las sentencias basado en un método en realidad axiomático, en el cual la afirmación de un principio general no está basado en una previa efectiva reseña de las diversas soluciones nacionales, ni mucho menos de una posterior comparación de estas soluciones»[88]. De esto se puede deducir una utilización instrumental

---

86 Cfr. VERDROSS, A., «Les principes généraux du droit dans la jurisprudence internationale», en *Recueil des Cours,* 1935, II, vol. 52, p. 190.

87 Cfr. ANZILLOTTI, D., *Corso di diritto internazionale,* vol. I, Athenaeum, Roma, 1928, pp. 106 y ss.

88 TORIELLO, F., *I principi generali del diritto comunitario. Il ruolo della comparazione,* Giuffrè, Milán, 2000, 55. Según GAJA, G., «la elección de método efectuado por la Corte persigue el objetivo de reconstruir la regla que se presenta como adoptable a las exigencias propias del estado de evolución de la sociedad internacional, más de las que podrían ser obtenidas de un análisis profundo de la praxis de los Estados y de los precedentes jurisprudenciales». Sobre el rol de la Corte Internacional de Justicia en el Derecho internacional, en general, véase *Il ruolo del giudice internazionale nell'evoluzione del diritto internazionale e comunitario,* CEDAM, Padua, 1995, p. 235, cit. en TORIELLO, F., *op. cit.,* 58, nt. 46.

de la comparación, como criterio persuasivo[89] que (más allá de sustituir la constante práctica de citar, en consideración de la *ratio decidendi*, los principios del Derecho romano) justifica ex-post (vale decir, sucesivamente al hallazgo de la regla-principio) la aplicación en el Derecho internacional de reglas que valen «más allá» y contemporáneamente contribuyen a conservar la ficción del juez como sujeto que no crea derecho. Se tiene con esto, como ha sido con eficacia sintetizado, un desplazamiento de la «función del método comparado del nivel de la búsqueda preliminar de las normas por aplicar a las obtenidas de la argumentación lógico-jurídica en justificación de la premisa mayor de la decisión»[90].

Pero la cuestión no es limitada a la función interrogativa dispuesta por el art. 38.1 (c) del Estatuto de la Corte; en efecto, importa también el punto (d) del mismo art. 38.1 (c) que casi como última ratio en el proceso de identificación del motivo de la decisión, reconoce a la Corte Internacional la facultad de recurrir a las «decisiones judiciales y a los escritos de los autores más calificados de diversas nacionalidades, como medios subsidiarios para la determinación de las reglas de derecho». La fórmula puede ser entendida como invitación a evitar referentes aislados y a confiarse en el método comparado, comparando en cuanto sea posible las decisiones y las opiniones de los autores reconocidos en los diversos ordenamientos nacionales. La comparación desarrollaría la labor de evitar el recurso a soluciones hegemónicas, un trabajo análogo al desarrollado en algunos ordenamientos nacionales cuando se ha sometido a la verificación empírica (a través de la comparación con otros formantes) los axiomas de la dogmática.

Entonces, mientras en los casos en los cuales es necesario hacer referencia a una regla de Derecho nacional el análisis comparado permanece externo respecto al centro de identificación de la norma relevante, en el caso en el cual sea necesario un recurso, si bien en vía subsidiaria, al art. 38.1 (d) como legitimación de la decisión, la comparación asume la función de identificador necesario de la regla.

El espíritu anti positivista del art. 38.1 (d), que es de gran consideración, si se tiene en cuenta el clima positivista imperante en la época en la cual el Estatuto de la Corte fue redactado, en los décadas

---

89 Cfr. GLENN, P., «Persuasive Authority», en *32 McGill L.J.*, 1987, pp. 261 y ss.
90 TORIELLO, F., *op. cit.*, p. 65.

pasadas no ha dado, como se sabe, estímulo a un amplio recurso a las fuentes no escritas como fuentes integradoras.

En la jurisprudencia consolidada de la corte de justicia las referencias al art. 38.1 (d) son raras[91]. Más aún, recientemente observamos no frecuentes ejemplos (en materia de interpretación de los tratados y de la entrada de la cláusula de reserva o de competencia de la Corte) de recurso, a lo más al interior de las opiniones disidentes[92], al art. 38.2 (d).

¿Cuáles son las razones para un mejor nivel de fuentes no escritas y débiles, como las previstas por el art. 38.1 (c) y (d)? Una primera puede ser retomada en el crecimiento de los fenómenos de regionalismo, al interior de los cuales el recurso a la comparación se ha revelado como útil y practicable y en su propósito como fenómenos ejemplares.

Razones posteriores pueden ser reconducidas:

- En el aumento de la exigencia de normación y de la demanda de resolución judicial de conflictos entre Estados, esto a falta del tiempo necesario que el legislador o la costumbre puedan poner ciertas reglas de resolución;
- Al cese de la pugna ideológica Este y Oeste, hecho que favorece a la referencia de nociones de elaboración nacional en la resolución de las controversias;
- En un mayor conocimiento y atención a las doctrinas extranjeras[93].
- En el reconocimiento de un declive del positivismo y en el mayor uso de fuentes extra convencionales, como la

---

[91] Es significativo el caso del concepto de abuso de derecho, noción difundida en muchos ordenamientos en la doctrina, más que en el formante legal; los jueces siempre han preferido hacer uso del art. 38.1 (c) como norma de justificación del recurso a la noción de abuso de derecho, así resaltándose, con un cierto esfuerzo, la naturaleza de principio legal común a diversos ordenamientos y no del principio doctrinal.

[92] Cfr. Pakistán v. India, 1999, (*Dissenting opinion* del juez *Al-Khasawneh*); véase también Kasikili-Sedudu Island (1999), entre Botswana y Namibia, donde se considera a la doctrina bajo la noción de línea de partición de los confines sobre un río.

[93] STOFFEL refiere a un «retorno de los expertos», ya alejándose del campo del *law-making* a consecuencia del énfasis sobre la codificación que había señalado los dos siglos pasados, véase STOFFEL, W., *op. cit.*, p. 1212.

costumbre y los principios generales, para la identificación, entre los cuales la comparación es instrumento necesario.

- En el creciente impulso dado por las organizaciones no gubernamentales a la aplicación de las normas presentadas para resolver cuestiones globales; un impulso que determina una posterior disminución de las distinciones entre políticas (y Derechos) estatales y políticas trasnacionales.
- En la creciente interrelación entre las fuentes del Derecho internacional y las fuentes del interno (piénsese en el nuevo constitucionalismo de los Estados post- comunistas y la fuerte propensión de las nuevas constituciones que representan al Derecho internacional como depósito de reglas fundamentales, lo que refuerza la percepción de su «supra estatalidad», al menos en materia de derechos económicos fundamentales)[94].

En tal sentido, Marbury vs. Madison y el poder del *judicial review* que desde el histórico caso ha derivado, se convierte en un modelo global de solución de las inadecuaciones del Derecho positivo[95].

Y la afirmación de un diálogo entre las cortes internacionales. Fuera del caso de las dos cortes europeas de Estrasburgo y Luxemburgo, el diálogo entre estas últimas y la corte de la Haya es menos evidente. No es infundado atenerse también frente a la toma de intereses por parte de los jueces de la Haya para los instrumentos de integración contenidos en el art. 38, que el estilo de la Corte de Luxemburgo y su particular recurso a la comparación como instrumento de legitimación

---

[94] Este objetivo de enfatización del Derecho internacional es característico de los constituyentes, pero principalmente de las cortes constitucionales instituidas en toda el área post-comunista, que a los principios del Derecho internacional hacen frecuente referencia en el objetivo de legitimar sus decisiones. Cfr. AJANI, G., *Diritto dell'Europa orientale*, UTET, Turín, 1996, espec. cap. VII. Esto caracteriza también las nuevas cartas constitucionales de Estados que han realizado una reforma política radical, por ejemplo, Sudáfrica: «When interpreting the Bill of Rights, a court... must consider international law; and may consider foreign law», así el art. 39 de la Const. de 1997.

[95] Un Derecho positivo que es más adecuado en cuanto más cambios de voluntad son influenciados de manera traumática por las políticas de liberalización de los mercados y de reforma legislativa considerada por los organismos de crédito internacional.

de sus decisiones[96], pero también de regulación de la extensión de los deberes previstos por los tratados[97], puedan representar un modelo de referencia para la Corte Internacional.

8. Conclusiones. a) Sobre la aplicación de las reglas

Históricamente, el Derecho Comparado ha desarrollado un rol en el debate de la línea de partición entre que es considerado derecho y que no, una línea que ha sido puesta con mano firme por la cultura jurídica positivista.

Tradicionalmente, el Derecho internacional ha puesto una línea de participación entre lo que pertenece a la esfera jurídica nacional y lo que pertenece al ámbito internacional. Esto ha tenido un efecto de reducción del uso de la comparación, confinándola a desarrollar una función casi ornamental o de simple utilidad argumentativa, en consideración de las decisiones privadas de referencias normativas netas o (en menos frecuentes y recientes casos) una función de legitimación objetiva, que la genérica referencia a la comparación permite desarrollar mejor que las específicas referencias a los precedentes judiciales.

Numerosas experiencias nacionales[98] conocen hoy un creciente recurso a la comparación para fines de remediar las carencias (inercia del legislador, lagunas del sistema) del Derecho positivo.

La Corte Internacional de Justicia y otras cortes internacionales han seguido con mayor timidez este ejemplo y esto no obstante el sistema de fuentes del Derecho internacional es, tal vez, más carente en el plano de la completitud que cualquier otro orden jurídico nacional. Las razones de esta timidez residen, como hemos visto, en diversos factores, paradigmas históricos y necesidades políticas, objetivos doctrinales y estilos de las escuelas de derecho.

---

96 Cfr. el caso Zelger, 129/83, en el cual la norma nacional fue reconocida en contraste con el Derecho comunitario por falta de conformidad con el principio generalmente difundido en los otros Estados miembros o el caso Nold, 4/73, cuya referencia a las tradiciones constitucionales y a los tratados internacionales adoptados por los Estados miembros sirve a la Corte de Luxemburgo para considerar el reconocimiento de una función social de algunos Derechos fundamentales.

97 Extensión que, como ha mostrado el caso Choquet de 1978, puede variar según el nivel de homogeneidad de los Derechos nacionales.

98 Es suficiente pensar en el estilo de las decisiones de la Corte Constitucional alemana.

En el tiempo, estas razones han sido atenuadas.

Junto a una reducción de estas razones, observamos que sean presentadas nuevas razones: antes que nada la extensión del regionalismo.

El regionalismo conduce a los ordenamientos jurídicos nacionales a un esfuerzo comparado (facilitado por el menor grado de diversidad cultural) en vista de los proyectos de integración. Esto determina una pérdida de centralidad de la norma positiva estatal, a favor de interpretaciones más libres y sensibles a soluciones externas, deducibles del estudio de los diversos formantes.

La praxis de algunas cortes diferentes a la Corte de Justicia y también al examen de una cierta reciente jurisprudencia de esta última, revelan que la comparación puede desarrollar un rol más extenso y técnico de identificación de conceptos generales que pertenecen a determinadas, pero variables, «mayorías» de ordenamientos[99]; esto puede remediar al déficit democrático que señala la acción de algunos organismos internacionales y a la falta de legitimación que parece gravar hoy sobre ciertos procesos de creación de las reglas al interior del ordenamiento internacional.

8.1. (Sigue): Sobre la formación de las reglas

Los casos en los cuales es pretendido edificar el Derecho internacional prescindiendo de un análisis comparado de posiciones de diversidad se han traducido, al menos, en incomprensiones[100] o dificultades en la formación y aplicación de la norma internacional.

Entonces, cuanto se refiere a los acuerdos, el recurso a la comparación permite reforzar el consenso, reduciendo el riesgo de incomprensiones y dificultades en las tratativas. Una vez llegado a un acuerdo partiendo de estas premisas, este resultará mediamente acorde con las características «locales» de los sujetos-partes del acuerdo, favoreciendo una mayor efectividad y estabilidad al acuerdo

[99] Más ampliamente, véase FERRERI, S., *Le fonti*, cit., p. 281.

[100] Piénsese en algunas discusiones, elecciones realizadas por la Convención de Viena sobre las sucesiones en los tratados o en el éxito de la propuesta de codificación de las Naciones Unidas de una regla opuesta a la normalmente acogida por los Estados en materia de relevancia internacional de las disposiciones constitucionales relativas a la competencia por estipular.

mismo. El estudio comparado permite introducir el riesgo que un mismo texto sea desarrollado como lectura discordante en sede de interpretación y actuación.

En otros términos, el recurso al Derecho Comparado incide en el Derecho internacional haciéndolo mayormente efectivo, uniforme y cierto. La perspectiva comparatista permite que las diferencias jurídicas o de otra naturaleza que pueden incidir en el modo de entender el acuerdo sean consideradas ya en la fase de formación y no reconducidas al momento de la aplicación. De tal modo, la comparación jurídica el comparar, convirtiéndolo en teórico y preventivo, más que el posterior respecto al momento de la adopción. El Derecho Comparado desarrolla así un rol fundamental en la certeza del Derecho internacional e incide en éste contribuyendo a definir la presentación, respecto a normas ya operantes y a extender los contenidos, con la identificación de normas aplicables a través de la comparación.

La comparación puede sostener las renovadas pretensiones de universalidad y de efectividad del Derecho internacional.

No se trata, sabemos, de volver a proponer la antigua e inútil tesis del Derecho Comparado al «servicio de la mejor comprensión entre pueblos»; sino de reconocer la función epistemológica de la comparación en un campo aún dominado por el énfasis en la regla formal. Esto es en el campo de la formación y la aplicación de las normas, aún poco explorado, de las relaciones entre Derecho internacional y Derecho nacional. El éxito de este rol debería ser tanto «técnico», con el fin de reconciliar las diversidades, mediante la aplicación de un análisis funcional, como «político», favoreciendo la «democracia dialógica»[101] que aparece muchas veces[102] como el único posible remedio al déficit democrático que señala la acción de algunos organismos internacionales, minando la legitimidad de todo discurso sobre el gobierno de la globalización.

---

[101] Cfr. GIDDENS, A., «Living in a Post-Traditional Society», en BECK, U. / GIDDINGS, A. / LASH, S. (al cuidado de), *Reflexive Modernization: Politics, Tradition and Aesthetics in the Modern Social Order*, Polity Press, Cambridge, 1994, cit. en OBIORA, L., *op. cit.*, p. 680.

[102] Cfr. BARBER, B.R., «Global Democracy or Global Law. Which Comes First?», en *Indiana Journal of Global Legal Studies*, 1993, p. 119.

Por último, se debe señalar la función de legitimación y sostenimiento que la comparación está en capacidad de producir a favor del conjunto de sujetos, la configuración de los principios de responsabilidad internacional, la transformación de la noción de soberanía, que es orientada hacia una revaloración del substrato cultural y social, como necesario pasaje para la prolongación tanto del ámbito subjetivo, como del ámbito objetivo del Derecho internacional.

Trasplantes jurídicos y las fronteras del conocimiento jurídico*

Michele Graziadei

* El autor quiere agradecer a Joshua Getzler, Ron Harris, Nir Kedar, Roy Kreitner, Celia Wasserstein Fassberg y a todos los participantes de la conferencia sobre Historias de trasplantes jurídicos, por sus útiles observaciones y comentarios. Se aplica el usual descargo de responsabilidad.
Traducción al idioma castellano, autorizada por el autor, de Mónica Peceros Suárez.

El estudio de los trasplantes jurídicos proporciona un aditamento de crítica significativa a las teorías principales sobre el cambio jurídico. Los trasplantes jurídicos no constituyen casos excepcionales o aislados, a pesar de las barreras económicas, sociales, políticas y culturales que separan a los sistemas jurídicos del mundo. Este ensayo va más allá de los enfoques tradicionales al estudio de los trasplantes sustituyendo el lenguaje figurativo de los trasplantes con una teoría explícita sobre cómo se produjo el cambio jurídico. Primero, se desarrollará una breve explicación sobre lo que los estudios de trasplantes jurídicos han conseguido hasta ahora en términos de macro-explicaciones disponibles sobre los cambios jurídicos. A continuación, se sostendrá que los trasplantes jurídicos, como hechos sociales realizados por personas, requieren un estudio del nivel micro de compromiso de los sujetos con los cambios jurídicos. La idea clave anticipada para explorar esta dimensión es la idea de acción mediada, que denota una acción realizada por las personas haciendo uso de las características del ambiente como armas para interactuar en un entorno específico. La idea de acción mediada fue introducida primero en investigaciones histórico-culturales-psicológicas sobre la formación social de la mente. Como hechos sociales, los trasplantes jurídicos representan casos de acción mediada. La última parte de este ensayo resaltará cómo los trasplantes jurídicos plantean cuestionamientos de justicia y se desarrollará brevemente su relación con el nuevo enfoque al estudio de los trasplantes que en esta sede se defiende.

Introducción

Como cualquier otra disciplina, hoy en día la historia jurídica se está convirtiendo cada vez más cosmopolita. Este giro hacia el estudio de las relaciones históricas entre los sistemas jurídicos del mundo es respaldado por estudios del Derecho Comparado. La creciente información sobre trasplantes jurídicos es un recurso para los historiadores del Derecho interesados en los cambios referidos a las dimensiones transnacionales del Derecho. Los historiadores jurídicos que no han adquirido un fuerte interés en el Derecho Comparado pueden, sin embargo, preguntarse sobre lo que tiene para ofrecer el estudio de los trasplantes jurídicos.

Una primera respuesta a dicha pregunta podría ser simplemente que el cambio jurídico bajo la influencia de factores exógenos merece atención por Derecho propio. No es un fenómeno raro ni excepcional, a pesar de todas las afirmaciones contrarias. Incluso el estudio casual que analiza un trasplante jurídico específico tiene su propio mérito, al grado que clarifica la manera en que los factores externos contribuyen a la construcción del Derecho local. Los trasplantes jurídicos son, seguramente, de interés para los que están interesados en el estudio de las relaciones de poder, tales como las que se producen a través de la colonización (y la suerte de los trasplantes nos dice mucho sobre el escenario postcolonial). Por ahora, debe quedar claro que este campo de estudio abarca más que la sola posibilidad de desarrollar descripciones casuales de «trasplantes» que hayan ocurrido en el pasado, o que están aconteciendo en nuestros días. Cada caso es una invitación para explorar lo que pasa detrás de la metáfora de los «trasplantes». Por tanto, hoy en día la pregunta crucial para la investigación histórica y comparatista se refiere a lo que un investigador de los trasplantes jurídicos puede buscar una vez que el lenguaje figurativo de trasplantes es sustituido con una teoría explícita acerca de cómo se producen los cambios jurídicos. En otras palabras, una vez que sabemos, siguiendo a TUSHNET (quien a su vez sigue a LÉVI-STRAUSS), que el bricolaje se produce en el Derecho y que los «creadores» han estado trabajando aquí y allá[1], ¿qué otras lecciones se puede aprender mediante el estudio de los trasplantes jurídicos?

---

[1] TUSHNET, Mark, «The Possibilities of Comparative Constitutional Law», en *Yale L.J.*, n. 108, 1999, pp. 1225, 1229: «Referencias contemporáneas a materiales constitucionales comparados pueden ser una especie de bricolaje. Funcionalistas y expresivistas se preocupan por si las partes seleccionadas apropiadas de otras tradiciones constitucionalistas son acertadas, o si la apropiación «funcionará» en algún sentido. El *bricoleur* no tiene estas preocupaciones de mantener los límites propios entre los sistemas.» Sobre este punto, el autor remite al lector a LÉVI-STRAUSS, Claude, *The Savage mind 16-17*, John Weightman & Doreen Weightman trad., 1996.

Mi explicación es que el estudio de los trasplantes jurídicos puede ser útil para desarrollar modelos más interesantes acerca de cómo cambia el Derecho, de los actualmente disponibles que siguen la corriente principal. Asimismo, el estudio de este tema amplía nuestro entendimiento sobre aspectos cruciales del Derecho, incluyendo los que plantean cuestionamientos de justicia. En el avance de estas propuestas generales, me encamino sobre cuestiones que ya han sido desarrollados por otros, a quienes, obviamente estoy agradecido. Sin embargo, los aportes previos sobre el tema no se han referido sobre algunos aspectos que es necesario abordar.

Para hacer frente a las preguntas planteadas precedentemente, en primer lugar ofreceré una breve reseña sobre lo que han conseguido hasta ahora los estudios sobre trasplantes jurídicos[2]. Luego, explicaré por qué una evolución en el campo requiere el desarrollo de una idea más clara de lo que genera una acción individual conducente a un trasplante. En ese sentido, lo que propongo es añadir a las «macro» explicaciones disponibles sobre cambio jurídico un análisis del nivel «micro» de la acción individual que se encuentra implicada en el trasplante. Por cierto, sería el último en negar que los macro enfoques enmarcados en términos de acción institucional anticipan eficaces explicaciones de los trasplantes como medios de cambio, y no creo que el minimalismo sea una virtud. Sin embargo, una mirada más minuciosa a lo que ocurre a nivel micro en las interacciones individuales también puede ser informativo. Si existe una micro-historia sobre trasplantes, también debe existir una teoría sobre ello[3].

Esta «micro» dimensión referida a la forma de comunicación entre la formación del pensamiento y la acción social es abordada mejor desarrollando la investigación con las contribuciones de otras disciplinas. En ese sentido, este es un ensayo sobre las fronteras del conocimiento jurídico, por ejemplo, sobre los límites permeables del conocimiento jurídico y sobre las deficiencias de nuestra actual

---

2 Para mayores reflexiones: GRAZIADEI, Michele, «Comparative Law as the Study of Transplants and Receptions», en *The Oxford Handbook of Comparative Law*, Mathias REIMANN & Reinhard ZIMMERMANN, eds., 2007, p. 441.

3 Al menos, si el Derecho no ha de ser entendido como un sistema autónomo, sino como un aspecto de la vida social: NOVAK, William J., «Law, Capitalism, and the Liberal State: The Historical Sociology of James Willard Hurst», en *Law & Hist. Rev.*, n. 18, 2000, p. 97.

comprensión sobre cómo se extiende el cambio jurídico. Por último, desde esta perspectiva, el estudio de los trasplantes jurídicos también plantea cuestionamientos de justicia. Cuando la coyuntura de un trasplante jurídico socava la legalidad como un ejercicio dialógico, en el que todos tienen el Derecho de participar en igualdad de condiciones, la justicia es cuestionada. En el mundo contemporáneo, algunas de las preguntas más candentes sobre justicia se encuentran inscritas en este marco hipotético. La última parte de este ensayo, por consiguiente, resalta la forma en que los cambios jurídicos plantean cuestionamientos de justicia y desarrolla brevemente la manera en que el micro-enfoque defendido en esta sede se les relaciona.

1. La evolución de los estudios sobre trasplantes jurídicos: una periodización

Una periodización de los estudios sobre trasplantes jurídicos debe empezar con las contribuciones que fueron producidas *avant la lettre*, antes que los trasplantes jurídicos se convirtieran en un tema por Derecho propio. Históricamente, la recepción del Derecho romano en la Europa medieval plantea el problema -explícitamente dirigido por MONTESQUIEU[4]- de la adaptación entre las condiciones locales y el Derecho importado.

De manera similar, la expansión del *common law* durante el periodo colonial, la difusión del Derecho islámico en muchos países, y la recepción de los *Western Codes* y los modelos constitucionales a lo largo del mundo difícilmente han pasado desapercibidos en los últimos doscientos años. Los estudios sobre trasplantes jurídicos *avant la lettre* incluye un primer estrato de contribuciones, que investiga estos fenómenos o similares. La recepción de leyes extranjeras, o las abiertas imposiciones de las leyes extranjeras a lo largo de la colonización o la conquista, siempre ha generado reflexiones sobre la tensión entre los elementos locales y extranjeros del derecho.

[4] DE SECONDAT, Charles y DE MONTESQUIEU, Baron, *The spirit of the laws*, bk. I, cap. 3, Thomas Nugent trad, 4ª ed., 1766, p. 4. La influencia de MONTESQUIEU en SAVIGNY es obvia. Ambos creían que el derecho se encuentra orgánicamente relacionado con la constitución de la sociedad. Sobre el planteamiento de MONTESQUIEU, véase LAUNAY, Robert, «Montesquieu: The Specter of Despotism and the Origins of Comparative Law», en *Rethinking the masters of Comparative Law*, n. 22, Annelise Riles ed., 2001; y para su influencia en SAVIGNY: STEIN, Peter, *Legal evolution*, 1980, p. 56, *passim*.

Sin embargo, los estudios que ponen énfasis en los trasplantes jurídicos como el factor principal de cambio en los círculos de historia jurídica y comparada no están constituidos por este primer rango de obras. Consisten en ensayos que, en los últimos cuarenta años, reaccionaron a criterios funcionalistas-positivistas del derecho, los que lo consideran como una constelación de normas originadas por poderes imperantes en respuesta a las necesidades de la sociedad, respaldadas por la aplicación de la fuerza. Las investigaciones sobre trasplantes jurídicos han sido utilizadas para desafiar esta fase del derecho, acumulando evidencia para demostrar cómo el derecho es «prestado» o «trasplantado», en vez de ser creado por innovaciones propias desarrolladas sobre la base de las condiciones locales[5]. Por ejemplo, el hecho que el código civil japonés tenga un estrecho parecido al código civil alemán, con algunas contribuciones del código civil francés, no puede ser explicado planteando una dimensión común fundamental en términos de factores socioeconómicos y culturales entre Francia, Alemania y Japón. Por el contrario, se explica, por ejemplo, por la elección del gobierno japonés de contar con los modelos occidentales para cambiar el Derecho de Japón. Sólo en este sentido, el derecho «prestado» se refiere a las condiciones nacionales, las cuales, en verdad, son a menudo las condiciones de un futuro imaginado[6].

Los estudios sobre los trasplantes recibieron atención general entre los comparatistas porque demostraron que los sistemas jurídicos

---

5 La contribución por WATSON, Alan, *Legal transplants: an approach to Comparative Law*, 1974, es la primera de este tipo que ha adquirido resonancia inmediata, en parte porque atrajo críticas de muchas partes. El argumento presentado en este pequeño volumen fue más desarrollado en algunas otras publicaciones por el mismo autor, las cuales no pueden ser citadas íntegramente en esta sede. Véase, por ejemplo, WATSON, Alan, *Legal origins and legal change*, 1991; WATSON, Alan, *Comparative law: law, reality and society*, 2007. Hoy en día existe una vasta bibliografía sobre trasplantes jurídicos que explora el tema desde diferentes perspectivas. Para una perspectiva crítica del tema, véase, por ejemplo, KENNEDY, Duncan, «Three Globalizations of Law and Legal Thought», en *The new law and economic Development*, n. 19, David M. Trubek & Álvaro Santos eds., 2006; LÓPEZ MEDINA, Diego Eduardo, *La teoría impura del Derecho*, 2004; MONATERI, Pier Giuseppe, «The 'Weak Law': Contaminations and Legal Cultures (Borrowing of Legal And Political Forms)», en *Transnat'l L. & Contemp. Probs.*, n. 13, 2003, p. 575.

6 NELKEN, David, «Comparatists and Transferability», en *Comparative Legal Studies*, Pierre Legrand & Roderick Munday eds., 2003, pp. 446, 457, *passim*.

pueden albergar una pluralidad de modelos, aunque muchos trasplantes probablemente se producen entre sistemas jurídicos que ya tienen mucho en común. Aunque en la actualidad sólo algunos sistemas jurídicos están clasificados como «mixtos», muchos más exhiben características que revelan que los «préstamos» o «trasplantes» son hechos comunes, incluso en fronteras que no parecerían tan permeables. Este descubrimiento lanza serias dudas sobre la utilidad del enfoque establecido en el Derecho Comparado con su fuerte dependencia en la clasificación de los sistemas jurídicos en familias jurídicas. El enfoque dinámico del Derecho Comparado, respaldado por el estudio de los trasplantes jurídicos, se coloca así en manifiesto contraste a la idea estática de las familias jurídicas retratada por los clásicos como René David en *Major Legal Systems in the World*[7].

En los últimos años, los estudios sobre trasplantes jurídicos han tenido creciente atención por diversas razones, las cuales no son simplemente académicas. Si el derecho puede ser «trasplantado», la formulación de políticas que rigen los poderes e instituciones internacionales pueden lograr objetivos que requieren de una reforma legal a través de los trasplantes jurídicos. La interrogante si el derecho puede ser transferido de un lugar a otro resulta ser una pregunta de gran importancia, si estos actores están interesados en reformas políticas, crecimiento económico, progreso social, o propósitos menos provechosos. Como era de esperarse, instituciones como el Banco Mundial ahora toman interés en los estudios sobre trasplantes jurídicos y el tema es presentado regularmente en el estudio del crecimiento económico y el cambio político, como conoce cada investigador del Derecho y el desarrollo[8].

---

[7] DAVID, René y BRIERLEY, John E. C., *Major systems in the world today*, 1978. Cfr. SACCO, Rodolfo, «Legal Formants: A Dynamic Approach to Comparative Law», pts. 1 & 2, en *Am. J. Comp. L.*, n. 39, 1991, pp. 1, 343.

[8] Sobre estos puntos: *The new law and economic development, supra*, nota 5; SYMPOSIUM, «Diffusion of Law in the 21st Century: Interaction and Influence», en *Harv. Int'l L.J.*, n. 47, 2006, p. 489, *passim* (contribuciones de Pierre LEGRAND, Willian TWINING, David A, WESTBROOK); John Braithwaite & Peter Drahos, *Global business regulation*, 2000; véase, además, MILHAUPT, Curtis J. y PISTOR, Katharina, *Law and capitalism: what corporate crises reveal about legal systems and economic development around the world*, 2008. No es necesario expresar que la globalización depende de esta dinámica: *Transnational legal processes: globalisation and power disparities*, Michael Likosky, ed., 2002.

Una vez que el tema fue establecido como nueva materia académica, los estudios sobre trasplantes jurídicos entraron en la tercera etapa. Ella está marcada por el debate crítico de la teoría, argumentando que los trasplantes jurídicos no son hechos aislados, sino factores habituales de cambio, no obstante las barreras económicas, sociales, políticas y culturales que separan los sistemas jurídicos mundiales. No es ninguna sorpresa que los estudios de Derecho Comparado sobre los cambios se convirtieron pronto en el objeto de crítica de autores que sostenían el estudio del derecho en términos funcionales[9]. Estaban destinados a provocar esta reacción. En realidad, el segundo estrato de la investigación sobre los cambios cortó por completo con la ortodoxia que se había sostenido, al menos desde tiempos de MONTESQUIEU, en los cuales el derecho y la sociedad se encontraban ligados. Aun así, el descubrimiento que el derecho es cambiante también ha sido criticado desde un punto de vista diferente, sobre la base del supuesto que el derecho como construcción social no puede seguir siendo el mismo una vez que es descoyuntado[10]. Según esto, el «trasplante» no puede sobrevivir el cambio de contexto. En el nuevo contexto, el significado original de lo que ha sido trasladado es, por necesidad, perdido. Desde este punto de vista, los trasplantes jurídicos son considerados imposibles. Sin embargo, esta fuerte crítica -basada en la hermenéutica-, no es la última palabra sobre el tema. Su rechazo a cualquier criterio mecánico del proceso de trasplantación abrió el campo a contribuciones más matizadas. Éstas se dirigieron a demostrar cómo los trasplantes implican siempre un grado de adaptación cultural, una «domesticación» que es el equivalente necesario de la trasplantación, si se refiere al derecho u otros aparatos sociales o culturales que viajan a través del espacio[11].

Mientras tanto, los estudios antropológicos y sociológicos han puesto en relieve la compleja constitución de «cultura» y «sociedad», por ejemplo, son esas entidades las que protagonizan de manera

---

9 Véase, por ejemplo, ABEL, Richard L., «Law as Lag: Inertia as a Social Theory of Law», en *Mich. L. Rev.*, n. 80, 1982, p. 785. También, WATSON, Alan, *Society and legal change*, 1977.

10 Véase LEGRAND, Pierre, «The Impossibility of 'Legal Transplants'», en *Maastricht J. Eur. & Comp. L.*, n. 4, 1997, p. 111; LEGRAND, Pierre, «The Same and the Different», en *Comparative legal studies, supra*, nota 6, p. 240.

11 Véase, por ejemplo, *Adapting legal cultures*, David Nelken & Johannes Fest e2., 2001.

predominante cualquier disertación sobre la constitución social del derecho. Lejos de ser un todo homogéneo, la cultura es en sí misma la expresión de acuerdos y conflictos entre las diferentes franjas culturales posibles[12]. El Derecho Comparado en sí mismo ha establecido que la idea indiferenciada del derecho es bastante inútil en este tipo de cuestionamiento. Los diversos componentes de los sistemas jurídicos -los distintos formantes en terminología de SACCO- pueden sucumbir bajo los efectos de diversas influencias[13]. Por eso la necesidad de distinguir las características de los sistemas jurídicos que vienen en consideración en el análisis de los trasplantes. Un ejemplo concreto de este tipo de análisis es el reciente estudio de Nir KEDAR sobre el sistema jurídico israelí como una jurisdicción mixta en doble sentido[14], no sólo porque exhibe la mixtura de las instituciones jurídicas anglo-americana y romano-germánica, sino también porque muestra el funcionamiento de instituciones que se originaron en el Derecho anglo-americano dentro de la coyuntura de una cultura política europea. Debemos volver a esta cultura para entender por qué la codificación del Derecho civil israelí es considerada como un factor clave en el desarrollo de su sistema jurídico[15].

Es ahí donde hoy en día nos encontramos con respecto a las cuestiones metodológicas discutidas por los estudios sobre trasplantes jurídicos. Considerando este panorama desde un punto de vista crítico, es justo decir que todos los enfoques considerados hasta ahora se han centrado especialmente en el derecho como un objeto cultural o social con dimensiones institucionales. Estoy totalmente de acuerdo con este enfoque, en la medida que incluye en la constitución del derecho todas esas costumbres que tienen dimensión colectiva y fuerza normativa.

---

12 Véase RILES, Annelise, «Comparative Law and Socio-Legal Studies», en *The Oxford handbook of comparative law, supra*, nota 2, p. 775; COTTERELL, Roger, «Comparative Law and Legal Culture», en *The Oxford handbook of comparative law, supra*, nota 2, p. 709; BARTH, Fredrik, *Ethnic groups & boundaries*, 1969.

13 SACCO, *supra*, nota 7: SACCO ha sido uno de los pioneros en la investigación sobre los trasplantes jurídicos entre los comparatistas.

14 KEDAR, Nir, «Law, Culture and Civil Codification in a Mixed Legal System», en *Can. J.L. & Soc'y.*, n. 17, 2007, p. 177.

15 MORDECHAI RABELLO, Alfredo y LERNER, Pablo, «The Project of The Israeli Civil Code: The Dilemma of Enacting a Code in a Mixed Jurisdiction», en *Liber amicorum Guido Alpa: private law beyond the national systems*, Mads Andenas et al. eds., 2007, p. 773.

Sin embargo, también alegaría que los estudios sobre trasplantes jurídicos son mucho menos informativos sobre cómo funciona cada organismo para producir un cambio jurídico.

Los trasplantes jurídicos como hechos sociales realizados por personas merecen un segundo vistazo[16]. Merecen una segunda mirada aun cuando la explicación intuitiva para el trasplante -su presunta «funcionalidad»- es totalmente convincente[17]. Por tanto, en este ensayo tengo la intención de descubrir lo que hay más allá del nivel macro del «Derecho», para realzar las dimensiones micro de las interacciones individuales que están implicadas en el «trasplante». Un análisis de las características del proceso según el cual una persona es impulsada a tomar medidas que conlleven a un «trasplante» es tan importante como una reflexión sobre la cualidad intrínseca del derecho que está en juego, o el acoplamiento entre esa norma y el contexto local, como Michael CRYSTAL y Ron HARRIS demuestran en su contribución sobre la trasplantación del derecho de sociedades británico en la Palestina post Otomana[18]. Además, aunque la trayectoria de las vidas de los protagonistas de los trasplantes sigue siendo un tema fascinante, el cambio que aquí se defiende claramente va más allá de las dimensiones biográficas referidas a los trasplantes, las cuales han sido estudiadas de manera frecuente en el estudio de los trasplantes jurídicos.

---

16 En el mismo sentido, véase LIKHOVSKI, Assaf, «Argonauts of the Eastern Mediterranean: Legal Transplants and Signaling», en *Theoretical Inquiries,* L. XXX, 2009, p. 10.

17 Al menos desde el siglo XIX, ésta es la respuesta estándar a la pregunta de por qué ocurren los trasplantes (no impuestos por violencia): VON IHERING, Rudolf, *Geist des römischen rechts auf den verschiedenen stufen seiner entwicklung,* pt. I, B. Schwabe, 9ª ed., 1955, p. 8, citado en ZWEIGERT, Konrad y KÖTZ, Hein, *Introduction to comparative* law, Tony Weir trans., 3ª ed. revisada, 1998, p. 17: «La recepción de instituciones jurídicas extranjeras no es una cuestión de nacionalidad, sino de utilidad y necesidad. Nadie se molesta en buscar una cosa de lejos cuando tiene una tan buena o mejor en casa, pero sólo un tonto rechazaría quinina sólo porque no crece en su jardín trasero». Véase, además, MATTEI, Ugo, «Efficiency in Legal Transplants: an Essay in Comparative Law and Economics», en *Int'L Rev. L. & Econ.,* n. 14, 1994, p. 3, y sobre el mismo punto, en una perspectiva diferente: MATTEI, Ugo, «A Theory of Imperial Law: A Study on U.S. Hegemony and the Latin Resistance», en *Indiana Journal of Global Legal Studies,* n. 10, 2002, p. 383.

18 HARRIS, Ron y CRYSTAL, Michael, «Some Reflections on the Transplantation of British Company Law in Post-Ottoman Palestine», en *Theoretical inquiries,* L. XXX, 2009, p. 19. Ésta es también una cuestión planteada a nivel macro en el debate sobre la denominada «hipótesis de origen jurídico»: Cfr. BERKOWITZ,

2. Pero ¿qué es un trasplante? Perspectivas múltiples sobre los trasplantes y cómo vivir con ellos

Permítanme introducir el tema abordando un punto preliminar. Los estudios sobre trasplantes jurídicos abundan en distinciones terminológicas[19]. Su profusión refleja el deseo de todos los eruditos de dejar una huella en el campo y la dificultad de incluir a todos los diversos acontecimientos que conforman el registro histórico en una única estructura.

Esta fragmentación terminológica, por sí misma, sugiere que identificar lo que es un trasplante puede ser un difícil problema. Por ejemplo, agentes de cambio que no tenían la intención de «pedir prestado» el Derecho extranjero como tal, podrían haber llevado a cabo lo que más tarde los cronistas llaman un trasplante. Muy a menudo, la intención de esos agentes era simplemente hacer que el Derecho (local) evolucione considerando ideas seminales, o una experiencia brillante, etc. ¿Podrían ellos, igual que el *Bourgeois gentilhomme* de Moliere quien hablaba en prosa sin conocerla, haberse dedicado a hacer trasplantes sin conocerlos? Por otro lado, algunos trasplantes sólo existen en las creencias de una determinada comunidad. Esta paradójica posibilidad se presenta porque la memoria colectiva de un determinado grupo puede discrepar con los hechos históricos, aún cuando el registro histórico indica una historia diferente[20]. Demostrando esta posibilidad, la contribución de Pnina LAHAV sobre la historia de la influencia americana en la educación jurídica israelí muestra que el problema del método de la educación jurídica en Israel no fue una importación de Harvard, como muchos hoy piensan, sino que, en vez de eso, fue una innovación originalmente promovida por el catedrático Joshua WEISMAN. Por eso, este es «un ejemplo excelente de la necesidad de hacer frente a la trasplantación cuidadosa y escéptica. Algo que parece un trasplante podría, de hecho, ser de propio fruto[21].

Daniel *et al.*, «Economic Development, Legality, and the Transplant Effect», en *Eur. Econ. Rev.*, n. 47, 2003, p. 165.

19 Para una ilustración de algunas de esas distinciones, véase, GRAZIADEI, *supra*, nota 2, pp. 443-44.

20 Las primeras contribuciones sobre este tema se encuentran en *The invention of tradition*, Eric Hobsbawm & Terence Ranger eds., 1983; y HALBWACHS, Maurice, *On collective memory*, Lewis A. Coser trad., 1992.

21 LAHAV, Pnina, «American Moment[s]: When, How, and Why Did Israeli Law Faculties Come to Resemble Elite U.S. Law Schools», en *Theoretical Inquiries*, L. XXX, 2009, p. 10.

Frente a estas pautas, la pregunta luego es: ¿Qué pasaría el juicio sobre lo que es un trasplante? Posiblemente una pluralidad de respuestas a dicha pregunta permanece abierta. No es necesario ser un relativista para apreciar que los mismos acontecimientos históricos pueden ser abordados desde diferentes perspectivas[22].

Es bien conocido que uno de los problemas más delicados en la historiografía es en qué medida es posible evitar el anacronismo en el trato con el pasado. ¿En qué medida, por ejemplo, tiene sentido usar el concepto de «feudalismo», que fue acuñado después de los hechos, y originalmente matizado con una connotación peyorativa[23], para escribir la historia de la Europa pre-moderna? No hay una única respuesta correcta a esta interrogante. Todo lo que uno puede pedir es que las premisas que sustentan la investigación sean explícitas. Ello nos ayudará a entender sus límites.

El Derecho Comparado enfrenta problemas similares, especialmente cuando trata con instituciones que son desconocidas en uno o más sistemas jurídicos. ¿Cómo puede ser explicado el Derecho inglés de fideicomisos a un abogado francés o italiano que nada conoce sobre la distinción entre el *common law* y la *equity*? Debería dicha explicación enseñar el aprendizaje particular de los abogados de la *equity*, y si es así, ¿de qué manera? ¿Y en qué sentido esa distinción tiene una ventaja operativa en Inglaterra hoy en día? ¿Deberíamos hablar de un trasplante ante la presencia de imitación selectiva, tal como la que ocurre cuando un país de *civil law* promulga leyes reproduciendo sólo algunas características de los fideicomisos como es conocido, por ejemplo, en Inglaterra?

Cualquier estudio serio del Derecho Comparado requiere un análisis de los conceptos y categorías que se han generalizado en la comunidad que está siendo analizada. Sin embargo, este análisis es realizado considerando un punto de vista externo, el de los comparatistas. La elaboración de ese punto de vista usualmente

---

22 GINZBURG, Carlo, «Distance and Perspective: Two Metaphors», en *Wooden eyes*, Martin Ryle & Kate Soper trad, 2001, p. 139.

23 Cfr. KESSLER, Amalia, «Deciding Against Conciliation: The Nineteenth-Century Rejection of a European Transplant and the Rise of a Distinctively American Ideal of Adversarial Adjudication», en *Theoretical inquiries*, L. XXX, p. 10, 2009.

involucra conceptos y categorías que son, al menos en parte, autónomas de aquéllas adoptadas localmente. Ellos podrían no ser compartidos o conocidos por los miembros de la comunidad en cuestión. El Derecho Comparado adoptó el método funcional para desarrollar tales conceptos y categorías[24]. Sin embargo, nunca se establece de forma sistemática, en términos formales, la distinción entre todas esas diversas configuraciones. Debido a la búsqueda de objetividad en el derecho -en el Derecho Comparado- el problema de representar la multiplicidad de puntos de vista que surge a través del ejercicio comparativo ha sido frecuentemente menospreciado[25].

El problema en cuestión es, por otro lado, bien conocido por los antropólogos. En antropología, el par de neologismos emic/etic se refieren, respectivamente, a las distinciones que son trascendentes para los miembros de una comunidad determinada y pueden ser validados sólo por ellos (emic), y para conceptos o categorías extrínsecas adoptadas por los observadores de esa comunidad (etic). Esos neologismos fueron introducidos en el tema por analogía a los términos «fonémica» y «fonética», utilizados en primer lugar por lo lingüistas para denotar niveles diferentes de descripción de los sonidos de una lengua[26].

Los estudios del Derecho Comparado se pueden beneficiar de una mayor conciencia de la necesidad de distinguir entre las diferentes perspectivas que participan en el estudio de los «trasplantes». Con mucha frecuencia, los que señalan a los trasplantes jurídicos como un medio por el cual se produce un cambio jurídico se enfrentan a la respuesta que la única opción real es entre el rechazo y la asimilación. Esta réplica asume que algo foráneo no puede realmente «caber», al menos que sea completamente asimilado. Hasta entonces, lo que es prestado funciona como un irritante[27]. Sin embargo, una vez que se ha logrado la asimilación, el elemento foráneo no es más evidente,

---

[24] Cfr. Michaels, Ralf, «The Functional Method of Comparative Law», en *The Oxford handbook of comparative law, supra* nota 2, p. 339; Graziadei, Michael, «The Functional Heritage», en *Comparative legal studies, supra*, nota 6, p. 100.

[25] Cfr. Legrand, Pierre, «Comparative Legal Studies and the Matter of Authenticity», en *J. Comp. L. 365*, 2006, p. 1.

[26] *Emics and etics*, Thomas N. Headland et al. eds., 1990.

[27] Sobre esta metáfora: Teubner, Gunther, «Legal Irritants: Good Faith in British Law or How Unifying Law Ends Up in New Differences», en *M.L.R. 11*, 1998, p. 61.

desaparece como trasplante. Antes de tomar esta reconstrucción de «trasplantes», examinémosla de manera crítica.

En primer lugar, ya que los «trasplantes» son hechos habituales en el desarrollo del derecho, es difícil ver por qué deben ser considerados un tanto artificiales o excepcionales. En segundo lugar, el plazo adoptado para evaluar las consecuencias de un hecho concreto es relevante. El paso del tiempo altera la situación original; con el tiempo, nada sigue siendo lo mismo. ¿Cuál es el plazo adecuado para juzgar si algo foráneo realmente «cabe» en el ambiente local? ¿Deberíamos pensar en términos de meses, años, décadas, siglos? Cierto, al final del proceso de trasplantación puede ser necesario -por así decirlo- tirar la escalera que fue muy útil para alcanzar la cumbre[28]. De esta manera, el trasplante llega a ser invisible. Sin embargo, para seguir con la metáfora, un observador externo puede aún darse cuenta que la escalera tuvo que haber estado ahí en un primer lugar, si sus usuarios no tienen memoria de ello, o si no están dispuestos a mencionarlo, o no lo consideran un elemento importante en el contexto. Toda una comunidad puede no estar dispuesta abrirse sobre el origen extranjero de los elementos culturales que se consideran constitutivos de la identidad colectiva compartida por los miembros de esa comunidad. Esto no significa que algo foráneo no estuvo allí en primer lugar. Puede ser descortés plantear la pregunta, sin embargo, las respuestas pueden ser muy instructivas, por cierto.

La creciente atención prestada en los últimos años por los estudios del Derecho Comparado a las interacciones lingüísticas involucradas en los «trasplantes jurídicos» y para la trasplantación jurídica es, quizás, también una respuesta a la necesidad de desarrollar una mejor apreciación de la multiplicidad de perspectivas involucradas en los trasplantes jurídicos. El relato de un «trasplante» por los miembros de la comunidad que lo experimentaron no corresponde necesariamente al relato de un extranjero sobre el mismo hecho histórico. No se encuentra enmarcado en el mismo lenguaje, para empezar[29].

---

28 WITTGENSTEIN, Ludwig, *Tractatus logico-philosophicus*, 1921, p. 654.

29 En el Derecho Comparado, el lenguaje y la traducción jurídica, los estudios que están contribuyendo a la renovación del campo incluyen, al menos: GÉMAR, Jean-Claude y KASIRER, Nicholas, *Jurilinguistics: between law and language*, 2005; LEGRAND, Pierre, «Issues in the Translatability of Law», en *Nation, language, and the ethics of translation*, Sandra Bermann & Michael Wood

3. Macro-micro I: lenguaje y herramientas

Una cosa es darse cuenta que ocurren los trasplantes jurídicos. Pero tener una idea de lo que ocurre cuando se producen es otra. Es prácticamente imposible dar sentido a los trasplantes jurídicos sin preguntarse lo que el cambio jurídico implica en términos empíricos, por ejemplo, en términos de análisis empírico de los hechos sociales implicados en la actuación de los «trasplantes» por los individuos.

Desde esta perspectiva, el análisis jurídico generalizado no es el mejor marco disponible para comprender el cambio jurídico. Estoy considerando el análisis convencional del cambio jurídico, que corresponde a una opinión del sistema jurídico que usualmente representa la autoridad del derecho por un modelo en el cual las normas son impuestas desde arriba, a través de una cadena de mando descendente. De manera implícita, este modelo sostiene que el lenguaje es un medio de comunicación transparente y sólo ocasionalmente fracasará en transportar la información necesaria a los que están sujetos al derecho. Bajo este modelo, el cambio jurídico es esencialmente una cuestión de voluntad y poder soberano. No es de extrañar que, en la historia de las ideas, así como en la práctica, el desafío más grande para esta reconstrucción del sistema jurídico se haya realizado en nombre de la costumbre. El Derecho consuetudinario funciona sin un soberano que sea capaz de expresar una voluntad y sin poner mucha fe en las palabras. Tampoco es de extrañar que, considerando las limitaciones de este modelo monista, las teorías jurídicas que tratan del pluralismo jurídico hayan alcanzado importancia hoy en día[30].

La visión «macro» dominante del sistema jurídico mencionado anteriormente encubre los problemas que el derecho, especialmente el derecho trasplantado, presenta como un orden normativo. El cambio jurídico a gran escala sin duda puede ser provocado por la toma de

eds., 2005, p. 30; GROSSFELD, Bernard, «Comparatists and Languages», en *Comparative legal studies, supra*, nota 6, p. 154; SACCO, Rodolfo, «Lingua e Diritto», en *Ars interpretandi,* 2000, p. 113; y KITAMURA, Ichiro, *Problems of the translation of law in Japan*, 1993.

[30] Para el presente debate sobre las diversas concepciones del pluralismo jurídico, véase las contribuciones recogidas en *Étudier et enseigner le Droit*, Nicholas Kasirer, ed., 2006, p. 318 *passim;* y en *Theoretical inquiries l.*, n. 9, 2008, p. 343, *passim*.

decisiones situadas en centros de poder. A lo largo de los siglos, los poderes dominantes han podido demostrarlo más allá de una duda razonable. Sin embargo, cuando el centro se encuentra, en cambio, en el nivel de interacciones particulares, el registro histórico no se explica por sí mismo, aún cuando la política y las relaciones de poder que conducen el proceso de cambio son claras.

Un relato de la producción de innovación jurídica en este nivel, por ejemplo, al nivel de compromiso con el cambio jurídico por particulares, debe revelar la estructura de la acción personal[31]. La acción propia es concebida y luego realizada a través de la conducta verbal y no-verbal. Ambos son constitutivos de las dimensiones institucionales del derecho que resulta de los efectos colectivos de las acciones particulares. En sociedades letradas es fácil supervalorar la importancia de la formulación lingüística de normas, pero el Derecho Comparado (junto con la Sociología Jurídica) confirma que el lenguaje por sí mismo flota en un mar de conocimiento y entendimiento implícito. El concepto de *cryptotype* introducido por Sacco entre los comparatistas suple estas silenciosas dimensiones del derecho[32], las cuales representan el clásico 9/10 del iceberg por debajo del agua[33]. En un plano más general, el estudio de la cultura muestra que el lenguaje es sólo una de muchas herramientas que utilizan los seres humanos[34].

Esta noción se puede seguir desarrollando tomando en cuenta los resultados de la investigación sobre la acción mediada, la cual

---

[31] Esta es además, en mi opinión, el punto de inicio de una versión radical de pluralismo desarrollada por MACDONALD, Roderick A., «Here, There...and Everywhere: Theorizing Legal Pluralism: Theorizing Jacques Vanderlinden», en *Étudier et enseigner le Droit*, *supra* nota 30, p. 318, *passim*; y por VANDERLINDEN, Jacques, «Return to Legal Pluralism: Twenty Years Later», en *J. Legal Pluralism & Unofficial L.*, n. 28, 1989, p. 149.

[32] Cfr. SACCO, *supra*, nota 7, pp. 343, 347-48. El autor se prestó esta noción del lingüista WHORF, Benjamin Lee, *Language thought and reality*, 1956, p. 70. En el mismo sentido: EBERLE, Edward y GROSSFELD, Bernhard, «Patterns of Order in Comparative Law: Discovering and Decoding Invisible Powers», en *Tex. Int'l L.J.*, n. 38, 2003, p. 291.

[33] Cfr. MACAULAY, Stewart, «Contracts, New Legal Realism, and Improving the Navigation of the Yellow Submarine», en *Tulane L. RV.*, n. 80, 2006, p. 1161.

[34] La imitación no mediada por palabras es, por supuesto, la manera en la cual la innovación cultural se propaga en el mundo animal. Cfr. ZENTALL, Thomas R., «Imitation: Definitions, Evidence, and Mechanisms», en *Animal cognition*, n. 9, 2006, p. 335.

primero fue llevada a cabo por la psicología cultural-histórica en el último siglo. La acción mediada denota acción que es desarrollada por los individuos haciendo uso de características del entorno como herramientas para interactuar en un contexto específico. El pionero en este campo fue el psicólogo soviético Lev VYGOTSKY, quien investigó la formación social de la mente[35]. Contemporáneo de Jean PIAGET, con quien tuvo mucho en común, comenzó con el rechazo del dualismo Cartesiano mente-cuerpo, VYGOSTKY resaltó la importancia de la acción mediada en la constitución de la psicología humana. COLE y WERTSCH resumieron esta teoría como sigue:

Las funciones mentales superiores son, *por definición*, culturalmente mediadas; no suponen una acción «directa» sobre el mundo, sino una acción indirecta, que tome un poco de material previamente utilizado e incorporarlo como un aspecto de la acción. En la medida en que ese material ha sido modelado por la práctica humana previa (por ejemplo, es un aparato), la acción común beneficia el trabajo mental que produce la forma particular de ese material[36].

Una ilustración gráfica de acción mediada es proporcionada por el siguiente experimento. VYGOTSKY y sus colaboradores pidieron a un paciente enfermo de Parkinson que camine a lo largo de la habitación donde estaban llevando a cabo su investigación. El paciente no se movió; la petición sólo produjo un incremento de sus temblores. Antes de repetir la petición, colocaron pedazos de papel sobre el piso marcando una secuencia de pasos. Cuando le pidieron al paciente una vez más que camine, él cruzó la habitación pisando de manera secuencial los pedazos de papel. Sirvieron como señales que le indicaban que hacer: hicieron la diferencia[37].

La idea de acción mediada no se limita a la hipótesis de acción realizada a través de la instrumentalización de herramientas. Las características del lenguaje ocupan un lugar destacado entre los aparatos considerados por VIGOSTKY, junto con «diversos sistemas de

---

35 Para una introducción de su pensamiento: DANIELS Harry *et al.* (eds.), *The Cambridge Companion to Vygotsky*, 2007; PIAGET y VYGOTSKY, *The social genesis of thought*, Anastasia Tryphon & J. Jacques Vonèche eds., 1996.

36 COLE, Michael y WERTSCH, James V., «Beyond the Individual-Social Antinomy in Discussions of Piaget and Vygotsky», en *HUM. DEV.*, n. 39, 1996, pp. 250, 252.

37 WERTSCH, James V., *Vygotsky and the social formation of mind*, 1985, p. 78.

conteo: técnicas mnemotécnicas; sistemas de símbolos algebraicos; trabajos de arte; escritura; esquemas, diagramas, mapas, y dibujos mecánicos; toda clase de signos convencionales, etc.»[38].

VIGOTSKY dejó en claro que la manera en que la herramienta es utilizada realmente puede o no corresponder con el uso que estaba destinado. Podemos usar una escoba para fingir montar a caballo, aunque este no es el uso para el que estaba destinado. Es por ello que su teoría se enfocó en la acción mediada, más que en la herramienta misma, o en el uso para el que estaba destinado. La difuminación de la distinción entre la esfera interna y externa que ocurre cuando se utilizan las herramientas y la capacidad humana para internalizar herramientas son una característica principal de la psicología humana bajo esta teoría. En realidad, VIGOSTSKY sostuvo que es el principio central de la psicología humana.

Haciendo uso de la idea que el lenguaje es una herramienta social, el mismo enfoque proporciona una idea de cómo los procesos culturales se despliegan en «sitios de intervención», donde los discursos se convierten en acción[39]. El análisis del discurso mediado rechaza el modelo de emisor-receptor de la comunicación precisamente porque ese modelo pasa por alto el contexto social en el que toman lugar las acciones de todo tipo:

Un texto nunca conduce a un único resultado o única acción, por lo que un análisis de ese texto permanece a gran distancia de la acción social: Ningún análisis de un texto por sí mismo...puede determinar si una noticia puede ser apropiada para formar parte de una discusión entre amigos en un café, ser utilizado como un ejemplo en una lectura universitaria sobre análisis crítico del discurso, o que todo el periódico puede ser utilizado para envolver pescado en el mercado[40].

---

38 VYGOTSKY, Lev Semënovich, «The Instrumental Method in Psychology», en *The concept of activity in soviet psychology*, James. V. Wertsch ed., 1981, pp. 134, 137.

39 *Discourse in action: introducing mediated discourse analysis*, Sigrid Norris & Rodney H. Jones eds., 2005. Sin embargo, en esos contextos claramente también existe un control dinámico cultural (véase *infra* Parte IV sobre el rol de la ideología en los trasplantes). Desde una perspectiva más amplia uno también podría dirigir el mismo asunto desde una perspectiva de control cultural, como pretendo hacerlo en un ensayo futuro.

40 Cfr. SCOLLON, Ron y SCOLLON, Susan W., «Fast English, Slow Food, and Intercultural Exchanges», en *Identity, community, discourse,* Giuseppina Cortese & Anna Duszak eds., 2005, pp. 32, 35.

Como hechos sociales, los «trasplantes jurídicos» representan casos de acción mediada. Las herramientas utilizadas para llevar a cabo los trasplantes están constituidas por los materiales jurídicos originales apropiados para hacerlo. Sin esas herramientas, el curso del cambio jurídico habría sido diferente, e incluso lo que el trasplante consigue no es mera reproducción de una forma o contenido original.

El artículo de Yoram SHACHAR sobre la redacción de la Declaración Israelí de Independencia[41] ilustra de manera brillante como la acción mediada funciona con respecto a los trasplantes jurídicos. La tarea de preparar un proyecto del documento que finalmente se convirtió en la Declaración Israelí de Independencia fue asignada primero a Mordechai Beham, una figura secundaria en el naciente Ministerio de Justicia encabezado por Felix Rosenblueth en Tel Aviv en 1948. Beham fue incapaz de hacer un borrador de una Declaración de Independencia desde cero. No sabía dónde ni cómo empezar, como le confió a su familia, así que la copió. La fuente de inspiración la encontró en la suntuosa biblioteca privada de Rabbi Harry Daviddowitz, justo al otro lado de la calle donde vivía la familia de Beham. Provisto de tres páginas de citas inglesas, finalmente pudo elaborar un primer borrador del documento en el corto tiempo que le había sido asignado. Por cierto, la versión final de la Declaración Israelí de Independencia proclamada por David Ben-Gurion (así como el proyecto más avanzado para del que Rosenblueth fue responsable) no puede ser considerada una versión en hebreo de la Declaración de Independencia de Thomas Jefferson:

Fueron, respectivamente, las Declaraciones de Independencia de Rosenblueth y de Ben-Guiron. E incluso, no hubieran sido lo que fueron si Mordechai Beham no hubiera copiado como un estudiante diligente en una biblioteca privada en Tel-Aviv y hubiera escrito «Cuando en el transcurso de la historia humana llega a ser necesario para un pueblo...»[42].

---

[41] SHACHAR, Yoram, «Jefferson Goes East: The American Origins of the Israeli Declaration of Independence», en *Theoretical inquiries,* L. XXX, n. 10, 2009.

[42] SHACHAR, Yoram, *From Divine Providence to the Rock of Israel: Two Declarations of Independence* (11 de junio del 2008) (versión borrador de Shachar, *supra* nota 41, pronunciada en la conferencia del Centro Cegla sobre Historias de trasplantes jurídicos, en el archivo del autor). Existen innumerables ejemplos de esta dinámica transformativa, la cual es ilustrada de manera brillante a gran escala por un estudio reciente: LÓPEZ DE MEDINA, Diego, *Teoría impura del Derecho: la transformación de la cultura jurídica latinoamericana,* 2004.

4. Micro-macro II: ideología

El análisis de los contextos en los cuales la argumentación se convierte en acción muestra también la importancia de las ideologías como un medio propicio para la legitimación de las normas, incluyendo las normas trasplantadas. Las ideologías como formas de creencias orientadas a la acción responden a la necesidad de construir consenso o resistencia al derecho trasplantado. Transforman el poder en influencia.

La micro perspectiva sobre los trasplantes jurídicos aquí desarrollada concibe a la ideología en términos funcionales, como una manera de coordinar las acciones de los miembros de un grupo, tanto si es dominante o no. Está en la naturaleza de la ideología que sus adherentes, por lo general, actuarán de la misma manera en una situación similar, muestra buena voluntad para realizar tareas en conjunto, y contribuye a la cohesión de grupo. En ese sentido, una ideología es básicamente un modo de comunicación entre la práctica propia y la acción colectiva[43]. Como medio para facilitar el cambio, la ideología funciona de forma más pareja cuando parece ser «neutral» porque cuenta con supuestos que son en gran parte sin respuesta (tales como los asociados, por ejemplo, con las ideas de progreso, modernización, desarrollo). Es aceptada mejor como una expresión de benevolencia paternalista (conservadurismo *compasivo, ayuda* extranjera). Por lo general la ideología ha sido estudiada como un medio de legitimación de la dominación. Hablar de dominación como un don de Dios, natural, inevitable, etc. en efecto, acaba con la resistencia psicológica a ella haciendo que cualquier alternativa parezca irreal[44]. Y sí, con regularidad los abogados se han dedicado a argumentar que la dominación es, bajo determinadas condiciones, la realización de grandes ideales de justicia[45]. Inclusive la ideología no

---

[43] Cfr. *Discourse as social interaction*, Teun A. van Dijk ed., 1997, p. 25, *passim*; desde una perspectiva similar, MONATERI, *supra* nota 5, llega a plantear que el Derecho Comparado en sí mismo puede ser considerado como un proyecto ideológico.

[44] TYLER, Tom R., «Psychological Perspectives on Legitimacy and Legitimation», en *Ann. Rev. Psychol.*, n. 57, 2006, p. 375; BERGER, J. *et al.*, «The Legitimation and Delegitimation of Power and Prestige Orders», en *Am. Soc. Rev*, n. 63, 1998, p. 379

[45] Véase, por ejemplo, BARTHES, Rholand, «Grammaire africaine», en *Mythologies*, 1957, pp. 137, 13; «DIEU: forme sublime du gouvernement francais».

se encuentra siempre relacionada a la estrategia de dominación. Algunas ideologías apoyan el *status quo*, otras invocan promover la reforma o revolución. En el actual contexto, la ideología es, por tanto, presentada como un concepto metodológico que pretende transmitir connotaciones tanto negativas como positivas. A menudo, el prestigio es aludido como uno de los vehículos de los trasplantes jurídicos[46]. Sin embargo, el análisis del prestigio como un factor en el proceso de trasplantación jurídica cae en el más amplio dominio del análisis de la ideología, dado que el prestigio se circunscribe en un conjunto de creencias sobre el mundo, sobre categorías y logros.

Cuatro artículos del volumen *Theoretical inquiries* abordan de manera directa diversas dimensiones de la ideología con especial atención a los trasplantes. Christopher TOMLINS explica, entre otras cosas, cómo la creación de un Derecho angloamericano de la esclavitud en la edad moderna se basó en argumentos que apoyaban la esclavitud como algo justo[47]. Jane DAILEY muestra cómo la ideología de la superioridad racial en Estados Unidos fue un pilar para la prohibición de los matrimonios interraciales después de la segunda guerra mundial, y cómo se le relacionaba la resistencia americana a las normas internacionales de derechos humanos sobre la base de la soberanía[48]. Steven WILF explica el primitivismo jurídico del siglo XIX y comienzos del siglo XX y su contribución a la legitimación de los patrones de dominación sobre los pueblos indígenas[49]. Advierte que los clichés culturales -yo diría ideologías en general- pueden convertirse en tecnologías de poder en el campo jurídico[50]. La historia de Assaf LIKHOVSKI sobre dos programas de cooperación jurídica israelíes desplegados en los años 1950-1960 ilustra la complicada historia alrededor del desarrollo de parte de esa red de relaciones internacionales que marcan el nacimiento de un nuevo Estado[51]. Como advierte LIKHOVSKI, compromisos creíbles con los

---

46 Por ejemplo, AJANI, Gianmaria, «By Chance and Prestige: Legal Transplants in Russia and Eastern Europe», en *Am. J. Comp. L.*, n. 43, 1995, p. 93.

47 TOMLINS, Christopher L., «Transplants and Timing: Passages in the Creation of an Anglo-American Law of Slavery», en *Theoretical inquiries*, L. XXX, n. 10, 2009.

48 DAILEY, Jane, «Race, Marriage and Sovereignty in the New World Order», en *Theoretical inquiries*, L. XXX, 2009, p. 10.

49 WILF, Steven, «The Invention of Legal Primitivism», en *Theoretical inquiries*, L.XXX, 2009, p. 10.

50 ID.

51 LIKHOVSKI, *supra*, nota 16.

sistemas de creencia requieren costosas inversiones que necesitan ser percibidas por otros para producir respuestas positivas. El consumo llamativo (con frecuencia asociado con el prestigio) es una señal de voluntad para emprender y llevar a cabo tales compromisos. En el caso analizado por LIKHOVSKI, el nuevo Estado de Israel invirtió en los dos programas para mostrar su buena voluntad para cooperar con otros países y anunciar su propia estabilidad y resistencia. Los programas fueron diseñados para comunicar a los posibles aliados de Israel Occidental así como a sus enemigos árabes el hecho que Israel era parte de un mundo civilizado y con la intención de disfrutar los beneficios asociados por lo general con la admisión al club exclusivo de las democracias maduras; sin embargo, como advierte LIKHOVSKI, las consideraciones sobre los objetivos prácticos de estos programas también fueron importantes en su creación.

Las ideologías no son perennes, éstas suben y bajan. Las ideologías exitosas se encuentran en un estado de evolución constante. Se adaptan a los cambios del entorno[52]. Uno de los ejercicios más prolíficos en la investigación del Derecho Comparado es el análisis del origen y decadencia de las ideologías, sus transformaciones, sus ambigüedades, y sobre todo, sus contradicciones. Desde la micro perspectiva aquí abogada, lo cierto es que las ideologías toleran múltiples afiliaciones personales y sutiles variaciones en los compromisos personales.

5. Hacer justicia en el caso de los «trasplantes»: un tema abierto

Finalmente, el estudio de los trasplantes jurídicos desde la perspectiva que aquí se defiende da lugar a reflexiones sobre las cuestiones de justicia que trascienden las fronteras de un sistema jurídico único, confrontando a la justicia con el reto de la diversidad entre comunidades y personas.

La mayoría de las teorías sobre justicia que se encuentran hoy en circulación inician con la noción de comunidad y prácticamente terminan ahí. Examinan lo que la justicia requiere dentro de las fronteras de la comunidad. Si esa comunidad se define en términos políticos o morales, esas teorías pasan un mal rato con cuestionamientos de justicia que

---

52 BALKIN, J.M., *Cultural software: a theory of ideology*, 1998, aborda este tema a través del prisma de análisis de la teoría de la evolución cultural en términos darwinianos.

conciernen a los que no pertenecen a la comunidad, o viven en su margen. El origen de la dificultad es fácil de entender. Estas teorías asumen que la justicia y el reconocimiento de derechos dependen, explícita o implícitamente, de compromisos individuales preexistentes que son constitutivos de la comunidad. Los límites de la comunidad, definidos por los compromisos, establecen el criterio de justicia. Los que no pertenecen a la comunidad pueden ser tratados sobre una base diferente. Si no son tratados según la cruel idea que el poder tiene la razón, se sitúan en un terreno precario. En otras palabras, si ninguna comunidad sostiene sus demandas, podrían fracasar. Se ilustra de manera dramática lo poco que la humanidad común puede lograr por sí misma.

En los últimos siglos, el Derecho natural -un intento intelectual importante para desarrollar una visión alternativa del orden jurídico- ha sido relegado a la esquina por el ascenso del positivismo jurídico y el realismo político. Además, el Derecho natural ha sido un mal escudo en contra de los abusos llevados a cabo en nombre de ambas filosofías. Entre sus limitaciones, también se presenta un sesgo etnocéntrico, a pesar de sus pretensiones universalistas.

En la historia del mundo, los trasplantes han sido motivo de reflexión sobre la justicia que condena tanto las limitaciones del Derecho natural como la inclinación positivista o realista de gran parte del pensamiento jurídico contemporáneo. Los trasplantes ponen en contacto organismos jurídicos que se basan no sólo en supuestos diferentes, sino incluso en ontologías diferentes[53]. Esto por sí mismo pone en duda la validez absoluta de los sistemas normativos que entran en contacto. Apreciar diferentes leyes con curiosidad es aprender que el camino de la ley no se debe pensar en singular sino en plural. Esta perspectiva socava cualquier noción abstracta de justicia y la idea que los límites de la comunidad son también los límites de la justicia[54]. El crecimiento de la revisión judicial en todo el mundo después de la segunda guerra mundial es un ejemplo de este tipo de «trasplante» y uno de los principales, como señala Morton HORWITZ en su contribución en el volumen *Theoretical inquiries* sobre trasplantes constitucionales[55].

---

53 *Figured worlds: ontological obstacles in intercultural relations*, Joseph CLAMMER *et al.*, eds., 2004.

54 APPIAH, Kwame Anthony, *Cosmopolitanism: ethics in a world of strangers*, 2007.

55 HORWITZ, Morton, «Constitutional Transplants», en *Theoretical inquiries*, L. XXX, 2009, p. 10.

Sin embargo, los «trasplantes jurídicos» que involucran violencia y coerción de todo tipo no pueden ser situados en el mismo lugar que los trasplantes pacíficos. Bajo circunstancias trágicas, la justicia se convierte en un tema candente para todos. Cuando los trasplantes se llevan a cabo en contextos trágicos exponen los efectos brutales que el ejercicio de poder tiene sobre las vidas de los que viven en el derecho trasplantado y saca a flote cuestiones más urgentes sobre lo que es el derecho.

Por cierto, hoy en día el Derecho internacional con regularidad es invocado a enfrentar el reto de la justicia planteado por las agresiones y los estallidos de violencia en el mundo. Tiene su origen en el rechazo a la antigua idea que el derecho tiene poco que decir ante la presencia de relaciones desiguales de poder[56]. Está más allá del ámbito de este ensayo examinar lo que el Derecho internacional ha logrado al respecto, ya sea a través del discurso de derechos humanos o de otra manera. La perspectiva adoptada aquí nos exige, en lugar de considerar una vez más el nivel en que las personas están involucradas en trasplantes impuestos por violencia, actuar y reaccionar ante ellos. En este nivel, la dinámica que conduce a una traición de la justicia con regularidad se desencadena por ataques a la condición moral de las víctimas de violencia y coerción. Esta estrategia funciona para trazar alejamiento y poner distancia entre los perpetradores y sus víctimas. La anulación de sentimientos de empatía que sostienen la coexistencia pacífica, por tanto, destruye los fundamentos de la base común de la igualdad de trato que tiene sus raíces en nuestra habilidad innata para entender las intenciones y emociones de otros[57].

En su interesante contribución a la conferencia que se basa en las fuentes extranjeras de la ley de ausencia de propiedad israelí de 1950[58], Alexandre KEDAR señala con razón que las legislaturas etnocráticas a

---

56 Cfr. TUCIDIDES, *History of the peloponnesian war*, bk. V, cap. 17, Charles Forster Smith trad., 1921, pp. 85-113 (El diálogo de los Melos).

57 Para evidencia científica sobre estas capacidades innatas: FABBRI-DESTRO, Maddalena y RIZZOLATTI., Giacomo, «Mirror Neurons and Mirror Systems in Monkeys and Humans», en *Physiology*, n. 23, 2008, p. 171.

58 KEDAR, Alexandre, *The British, Indian and Pakistani Sources of the Israeli Absentee Property Act of 1950* (12 de junio del 2008) (manuscrito sin publicar, entregado en la Conferencia del Centro Cegla sobre Historias de trasplantes jurídicos, en el archivo del autor). Véase, además, Kedar, Alexandre (Sandy), «On the Legal Geography of Ethnocratic Settler States: Notes towards a Research Agenda», en *Current legal issues*, n. 5, 2003, p. 401.

menudo idean sistemas de diferenciación y construyen categorías jurídicas que facilitan la aplicación de normas discriminatorias, pero sin admitir abiertamente que están recurriendo a trato discriminatorio. Esta elección es un intento de contener la pérdida de reputación causada por la pérdida elevada de moral, la cual es una consecuencia de tal medida oblicua. Sin embargo, el subterfugio sostiene un espejo a los autores de esta estrategia opaca. Revela el miedo de reciprocidad que lo motiva. Ese signo de debilidad, sostengo, es el punto de inicio para cualquier razonamiento sobre cuestionamientos de justicia en contextos similares. Ese sentimiento es una admisión implícita que todas las partes involucradas en el conflicto -sin importar cuán diferentes pueden ser sus hábitos y opiniones- comparten una precaria condición común como personas, lo que plantea problemas que la formación de Estados modernos no ha resuelto. Tenemos que regresar a la intuición de esa condición común para entender por qué la Declaración Universal de los Derechos Humanos, así como otros instrumentos de derechos humanos, es entendida mejor no como un hecho de confianza en sí mismo adoptado para celebrar el progreso moral, sino como una ruta estrecha de escape de un futuro trágico preparado por el catastrófico pasado desatado por las limitaciones del paradigma hobbesiano de la soberanía del Estado. Este documento, como otros documentos de su clase, es un testimonio de la necesidad de llegar a un acuerdo con el pasado en el ámbito del derecho, la justicia, y el discurso público. Debemos estar abiertos al reconocimiento que las oportunidades de un rescate eventual son escasas si no atendemos esta necesidad.

UNA MEJOR COHERENCIA DEL DERECHO PRIVADO DE LA UNIÓN EUROPEA Y EL PLURALISMO LINGÜÍSTICO: ¿DOS PRINCIPIOS OPUESTOS?*

GIANMARIA AJANI

* Traducción al idioma castellano, autorizada por el autor, de Mónica Peceros Suárez y Christian Enrique Tamayo Melgar.

1. Armonización jurídica y pluralismo lingüístico en el ámbito del Derecho privado

El proceso de integración del Derecho privado de la Unión Europea ha llegado a una etapa crucial, esto es, la búsqueda de coherencia interna.

Recurriendo ampliamente al instrumento de la «Comunicación»[1], la Comisión, con el apoyo del Parlamento de la Unión Europea[2],

---

1 Véase la Communication from the Commission to the Council and the European Parliament. En European Contract Law COM (2001) 398 final; Communication From the Commission to the European Parliament and the Council - A More Coherent European Contract Law - An Action Plan COM(2003) 68 def.
Véase también AJANI, G. y SCHULTE-NÖLKE, H., «The Action Plan on a More Coherent European Contract Law: Response on Behalf of the Acquis Group», en http://ec.europa.eu/consumers/cons_int/safe_shop/fair_bus_pract/cont_law/stakeholders/5-1.pdf.
El Grupo Acquis (www.acquis-group.org,), fundado en el 2002, actualmente está formado por más de 50 juristas de casi todos los Estados Miembros de la Unión Europea. El Grupo Acquis se orienta a un acuerdo sistemático del Derecho comunitario existente el cual ayude a dilucidar las estructuras comunes del Derecho privado comunitario emergente. Para este propósito, el Grupo se concentra principalmente en la existencia del Derecho privado de la Comunidad Europea que puede ser encontrado en el Acquis comunitario. Un primer volumen dedicado a *Principles of the Existing EC Contract La. Contract I,* ha aparecido en el 2007 (Sellier pub.).
Desde mayo del 2005, el Grupo Acquis pertenece al Joint Network on European Private Law. Para fines del 2008, ésta organización entregará una propuesta para el llamado «Marco Común de Referencia», conteniendo los «Principios Comunes del Derecho Europeo de los Contratos» (CoPECL).

2 Considero necesario reproducir el texto de la Resolución del Parlamento Europeo B6 0464/2006:
«El Parlamento Europeo,
- Vista su Resolución de 23 de marzo del 2006 sobre el Derecho contractual europeo y revisión del acervo: perspectivas para el futuro (P6_TA(2006)0109),
- Vistas sus Resoluciones de 26 de mayo de 1989, 6 de mayo de 1994, 15 de

noviembre de 2001 y 2 de setiembre de 2003,
- Visto el Primer Informe Anual de la Comisión sobre los progresos realizados en materia de Derecho contractual europeo y revisión del acervo (COM(2005)456 final), en el que la Comisión declara que la revisión del acervo en materia de consumo «se incorporará en el desarrollo de un marco común de referencia» más amplio,
- Vista la Comunicación de la Comisión al Parlamento Europeo y al Consejo de 11 de octubre del 2004 sobre «Derecho contractual europeo y revisión del acervo: perspectivas para el futuro» (COM(2004)651 final), en la que la Comisión declara que «utilizará el MCR, cuando proceda, como herramienta para presentar propuestas de mejora de la calidad y coherencia del acervo actual y de los futuros instrumentos jurídicos en el ámbito del Derecho contractual»,
- Visto el apartado 5 del artículo 108 de su Reglamento de Procedimiento,
- Considerando que la resolución de 23 de marzo del 2006 señala que no está claro a dónde conduce la iniciativa en materia de Derecho contractual europeo en términos de resultados prácticos o sobre qué bases jurídicas se adoptarán los instrumentos vinculantes,
- Considerando que la Resolución de 23 de marzo del 2006 solicita, entre otras informaciones, una declaración de la Comisión sobre la manera en que propone tener en cuenta los resultados de los seminarios sobre el MCR y los grupos de expertos en su trabajo ulterior,
1. Manifiesta una vez más su convicción de que un mercado interior uniforme no puede funcionar correctamente sin mayores avances hacia una armonización del Derecho civil:
2. Recuerda que la iniciativa en materia de Derecho contractual europeo es la más importante de las que se encuentran en marcha en materia del Derecho civil;
3. Apoya energéticamente un enfoque en pro de un MCR más amplio en cuestiones de Derecho contractual general que vayan más allá del ámbito de la protección del consumidor;
4. Subraya que, además del trabajo de revisión del acervo en materia de consumo, deben continuar las tareas sobre un MCR más amplio; solicita a la Comisión que avance, de forma paralela con la revisión del acervo en materia de consumo, en el proyecto para un MCR más amplio;
5. Subraya que, a pesar de que el objetivo final y la forma jurídica del MCR aún no estén claros, el trabajo en el proyecto debe hacerse correctamente, teniendo en cuenta que el resultado final a largo plazo podría ser un instrumento vinculante; deben mantenerse abiertas todas las posibles opciones en lo referente al objeto y la forma jurídica de un futuro instrumento;
6. Pide a la Comisión que no presente nuevas propuestas legislativas en materia de Derecho contractual antes de que se complete el trabajo sobre un MCR más amplio;
7. Pide a la Comisión que haga participar en todo momento al Parlamento en los trabajos sobre el MCR;
8. Encarga a su Presidente que transmita la presente Resolución al Consejo y a la Comisión.
Para un análisis crítico de la posición del Parlamento Europeo, véase MAZEAUD, D., «Faut il avoir peur d'un droit européens des contrats?», en *De tous horizons. Mélanges en l'honneur de Xavier Blanc-Jouvan*, Société de Législation comparée, 2006, p. 300; HUET, J., «Nous faut-il un « euro » droit civil? Propos sur la communication de la Commission concernant le « droit européen des contrats » et, plus généralement, sur l'uniformisation du droit civil au niveau des contrats», en *D. 2002, Point de vue*, p. 2611.

ha iniciado un diálogo con los actores económicos, con las llamadas «partes interesadas», con la comunidad académica y con las demás instituciones de la Unión Europea, referente a las modalidades de revisión del Acquis; prestando especial atención al derecho de los contratos. Si bien se mantiene dentro de los límites de una lengua respetuosa de las sensibilidades nacionales y que elude la tentación de establecer una «codificación Europea» del derecho de los contratos como objetivo final, la posición proactiva adoptada por la Comisión entre el 2001 y el 2003 ha favorecido la concepción de un gran sistema, que se extiende desde la comunidad académica hasta los profesionales y representantes de los actores económicos. Dicho sistema se ha enfrentado a sí mismo con el propósito de obtener un Derecho privado europeo «más coherente».

Este artículo se ocupa de un aspecto particular de la búsqueda de una mejor armonización del Derecho privado europeo, esto es, la relación entre el pluralismo lingüístico y la búsqueda de «mejor coherencia» en el Derecho privado europeo.

En la actualidad es jurisprudencia reiterada[3] que una versión lingüística de un texto jurídico de la Comunidad no puede per se ser considerado superior a otras versiones en otros idiomas, debido a que la aplicación uniforme del Derecho de la comunidad exige que su interpretación tome en cuenta las versiones en otros idiomas. Más allá de esta jurisprudencia, la cual refuerza el pluralismo lingüístico en un momento de debilidad del principio en sí mismo (la ampliación a 27 Estados miembros), debido al incremento del número de lenguas oficiales, las decisiones de la Corte plantean un problema difícil de controlar desde un punto de vista práctico, ya que requiere que el intérprete tenga el dominio de un gran número de lenguas oficiales.

Hoy en día el Derecho de la Comunidad Europea se encuentra expresado en 23 lenguas oficiales: en consecuencia, el problema de su traducción e interpretación en los diversos contextos legales y culturales de los Estados Miembros puede, con razón, ser considerado como una dificultad en la consecución del principio de supremacía del Derecho comunitario. De hecho, los sistemas jurídicos nacionales se encuentran directamente involucrados con el Derecho europeo y los ciudadanos

3 Caso 02.04.1998, C-296/95; Caso 20.11.2003, C-152/01.

tienen el derecho de enfrentar este conjunto de leyes utilizando su propia lengua nativa[4]; en otras palabras, el contexto jurídico de la Unión Europea implica una pluralidad de sistemas legales, con el resultado que las tradicionales líneas de demarcación entre la traducción e interpretación son cada vez más imprecisas.

En este contexto, hay un aspecto nuevo a considerar: esto es, el énfasis simultáneo establecido en el pluralismo lingüístico y la subestimación de la relación entre el derecho y el lenguaje. El hecho que las leyes están expresadas en diferentes idiomas no ha recibido la atención que podría haberse esperado; lo que se deriva de la convicción generalizada que todas las leyes, en última instancia, son susceptibles de ser traducidas de un idioma a otro[5].

El hecho que el Derecho de la comunidad sea formulado en diferentes idiomas nunca ha sido, según el pensamiento generalizado, un obstáculo para la transposición de la legislación europea. La percepción del lento pero constante progreso del plan para un mercado común ha estimulado la investigación en los aspectos funcionales de la legislación europea, pero al mismo tiempo ha olvidado el reconocimiento del impacto del pluralismo lingüístico en los lenguajes jurídicos nacionales.

Esta actitud parece inadecuada en relación a la situación europea y probablemente deba ser reconsiderada, teniendo en cuenta la

---

4 Art. 21(3) del Tratado de la Comunidad Europea estipula que todo ciudadano de la Unión puede escribir a cualquiera de las instituciones o grupos en cualquiera de las lenguas oficiales y obtener respuesta en el mismo idioma. Ver: ORTOLANI, A., «Lingua e Politica linguistica nell'Unione Europea», en *Rivista critica di diritto privato*, 1, 2002, pp. 150 y ss.; CAVIEDES, A., «The Role of Language in Nation-Building within the European Union», en *27 Dialectical Anthropology* 2002, pp. 249 y ss.
Véase también Resolución del Consejo 2002/C 50/01 de 14 de febrero del 2002 relativo a la promoción de la diversidad lingüística la cual establece que «todas las lenguas europeas son iguales en valor y dignidad desde un punto de vista cultural y forman una parte integral de la cultura europea y la civilización» (*OJ C 050, 23/02/2002, p. 1 -2*).
En general, véase YASUE, N., «Le multilinguisme dans l'Union européenne et la politique linguistique des Etats membres», en *Revue du Marché commun et de l'Union européenne*, 427, 1999, p. 277.

2 Esta convicción ha inspirado muchos de los estudios académicos sobre la codificación del Derecho europeo. Ver: BASEDOW, J., «Codification of Private Law in the European Union: the Making of a Hybrid», en *European Review of Private Law*, 2001, p. 35.

importancia asignada al pluralismo lingüístico en las instituciones de la Comunidad.

La idea equivocada de que siempre es posible traducir las leyes de un idioma a otro es una nueva aparición de «optimismo legislativo», o una variación de un enfoque formalista, el cual pone en marcha la estrategia de armonización en un proceso «de arriba hacia abajo» de elaboración de leyes, que tiene que ser seguido por una acción disciplinada de puesta en práctica en el ámbito local.

La pérdida de fe en la uniformización, debido a la tentación de deconstruir significados y las políticas que imponen la exaltación del localismo (gobierno local, lenguas locales), ha desplazado el enfoque del debate de lo multi-jurídico a las cuestiones multiculturales[6].

Como consecuencia de la propagación de un número limitado de idiomas (principalmente inglés) como medios de comunicación a nivel mundial, la política de defensa del pluralismo lingüístico ha sido incorporada de manera notable por algunos Gobiernos nacionales, e invocada en aras de proteger la nacionalidad, una política con la cual algunos Estados están más comprometidos que otros[7].

La situación brevemente expuesta en el presente artículo da lugar a una divergencia, por un lado, entre los lenguajes europeos legislativos y judiciales, y por el otro, el lenguaje utilizado por la comunidad académica de escritores/juristas. Esto pone de manifiesto una mayor separación entre dos mundos culturales: uno que reúne a los discípulos del Derecho privado europeo, que se expresan en pocas lenguas comunes (esencialmente inglés y francés, seguido del alemán); y otra comunidad epistémica conformada por abogados nacionales, quienes siguen utilizando sus respectivos idiomas nacionales. Esta dicotomía hace que el desarrollo de un discurso académico común sobre las cuestiones importantes del Derecho europeo sea muy difícil de lograr.

---

6 Desde el punto de vista de la política cultural de la Comunidad, ver SHORE, C., «Inventing the 'People's Europe': Critical Approaches to European Community 'Cultural Policy'», en *Man*, 28/4, 1993, p. 787.

7 Sobre este punto, véase ROSSI, P., «The Language of Law between the European Union and the Member States», en AJANI, G. y EBERS, M., (eds.), *Uniform Terminology for European Contract Law*, Baden-Baden, 2005, pp. 23 y ss.

2. Pluralismo lingüístico: ¿un principio o un problema?

La legislación de la Comunidad, en vigencia en cada uno de los 27 Estados de la Unión Europea, tiene la característica particular de ser expresión multilingüe de un único mensaje, destinado a ser uniformemente comprensible en lo que respecta a sus efectos en los sistemas nacionales. Como resultado, dos lenguajes jurídicos diferentes coexisten en cada sistema jurídico (uno nacional y uno de la Comunidad) y la afirmación de la superioridad de la legislación de la Comunidad debería, en efecto, tomar en cuenta la existencia de las taxonomías nacionales no homogéneas.

Por lo tanto, es necesario entender la forma en que la «búsqueda de una mayor coherencia» de los efectos del Derecho comunitario y el «pluralismo lingüístico vertical» pueden coexistir en la práctica (por ejemplo, entre la lengua italiana utilizada en las Directivas y la lengua italiana empleada en el contexto de la legislación nacional).

En este contexto, las nuevas dificultades encontradas en el Derecho privado europeo aparecen con toda claridad. Si en el pasado el Derecho privado de la Comunidad fue objeto de una armonización segmentada, inducida por las políticas individuales realizadas por la Unión, hoy en día la acción de la Comunidad incluye el núcleo de las leyes privadas nacionales.

Si bien las disposiciones comunitarias que regulan aspectos económicos, o normas, o reglas en áreas técnicas (como las relativas a la agricultura) no han creado dificultades particulares de interpretación en los sistemas jurídicos nacionales, es una historia diferente respecto a las normas del Derecho privado que han sido introducidas por la legislación de la Comunidad en el ámbito del Derecho contractual. Estas disposiciones deben ser implementadas en base a taxonomías e interpretaciones académicas que, en aras de la coherencia de cada sistema jurídico, no se puede ignorar o dejar de lado en nombre de un principio abstracto de coherencia general de la legislación europea.

He aquí el callejón sin salida que ha caracterizado 20 años de aplicación insatisfactoria de la legislación de la Comunidad: un dilema entre la búsqueda de una mayor coherencia dentro de la legislación comunitaria y el respeto de la coherencia interna de cada sistema jurídico nacional. Ni que decir tiene, que la primera parte del dilema ha sido, hasta ahora, la más débil entre las dos.

3. La identificación de una terminología común

La búsqueda de una mayor coherencia del Derecho privado europeo exige a los legisladores del Derecho europeo expresarse de una manera que sea coherente con los sistemas nacionales de Derecho privado y que, en cierta medida, identifique una terminología jurídica europea común[8].

En términos generales, la dificultad en la organización de una terminología uniforme en la esfera jurídica, a diferencia de lo que ocurre con relación a la Física, Economía u otras ciencias, se explica como la falta de equivalencia entre los términos utilizados en las diferentes culturas locales y las referencias a objetos «externos». La ley da forma a la realidad a través de instrumentos de comunicación cultural: un contrato no es un objeto que forma parte del mundo físico, sino es algo creado por una determinada cultura jurídica, que puede ser diferente a los demás. En particular, a pesar de las declaraciones y normas operativas sobre el pluralismo lingüístico, un lenguaje común para la ley requiere una base común de principios, conceptos y normas que sustenten los instrumentos del lenguaje de manera coherente.

Los legisladores de la Comunidad han adoptado la solución de traducir las leyes en las distintas lenguas nacionales. En aras de respetar el principio de igual autenticidad de las lenguas oficiales, la legislación secundaria es producida y considerada como si tuviera un sentido jurídico idéntico en todos los idiomas oficiales. El resultado de este proceso, sin embargo, no es el esperado, en lo que difieren las taxonomías; como ya se mencionó, no hay garantías de una interpretación coherente, ni la oportunidad para pronosticar cómo las leyes serán entendidas e interpretadas a nivel local. Mientras que la Comunidad se limitó a la intervención en áreas específicas, la coherencia de los sistemas nacionales estaba garantizada, principalmente a través de mecanismos de legislación especial y específica con respeto a las

---

[8] Véase AJANI, G. y EBERS, M. (eds.), *Uniform Terminology for European Contract Law*, Nomos Verlagsgesellschaft, Baden-Baden 2005; HEUTGER, V., *A More Coherent European wide Legal Language*, European integration online papers, http://eiop.or.at/eiop/texte/2004-002a.htm, 2002, POZZO, B., «Harmonisation of European Contract Law and the Need of Creating a Common Terminology», en *6 European Review of Private Law*, 2003, p. 754.

leyes comunes o basadas en el Código. Con la expansión en las áreas de intervención, como es ampliamente reconocido, los intérpretes han tenido que hacer frente a la necesidad de reinterpretar la legislación nacional, incluso el Derecho común, a luz de las políticas comunitarias tal como se expresa en la legislación y jurisprudencia creada por la Corte Europea de Justicia.

Esta mayor dificultad planteada por los intérpretes nacionales de las leyes, en el contexto del debate que ha surgido sobre el impacto de la legislación de la Comunidad en la legislación nacional, ha otorgado aparente importancia a expresiones tales como «cultura jurídica» o «tradición jurídica». Lo que llamamos «cultura jurídica» determina como las leyes son comprendidas y aplicadas; por lo tanto, una condición inevitable para lograr una mayor uniformidad en la legislación europea es la existencia de una cultura jurídica común, basada en una terminología jurídica común. Diferentes culturas jurídicas, de hecho, no sólo conducen a los intérpretes a entender las normas de diferentes maneras, sino también la estructura de interpretación según las diferentes taxonomías locales[9]. Cada lenguaje técnico es insertado en un sistema de referentes, que son reconocibles, también en el caso de un «lenguaje jurídico», por la comunidad epistémica de expertos (jueces, abogados, académicos) sujetos al lenguaje técnico. Variantes particulares sobre el tema, ya sea de manera sincrónica (diferentes significados o calificaciones para los mismos términos en disputa entre los operadores jurídicos) o fijado de manera diacrónica (cambios a lo largo del tiempo en los significados asociados con los términos), son claramente posibles. Tales cambios se manifiestan algunas veces en los contenidos de la ley. En otras ocasiones, los legisladores optan por cláusulas generales o no hacer ninguna elección, dejando a los jueces y académicos la carga de reformar de la norma y la armonizarla con la dirección interpretativa sustituida.

La necesidad de un repentino ajuste de las normas jurídicas, sin embargo, tiene que adaptarse a las leyes de la inercia que rigen los cambios de los distintos formantes de la ley: las reglas operativas no cambian tan rápido como lo hacen las definiciones; los jueces inferiores

---

[9] Véase AJANI, G., «Legal Taxonomy and European Private Law», en AJANI, G. y SCHULZE, R., *Gemeinsame Prinzipien des europaischen Privatrechts*, Baden Baden, 2003, p. 350.

no siguen inmediatamente un cambio en la interpretación. Esta serie de cambios traumáticos (es decir, la repentina aparición de una nueva norma -o interpretación de una norma- en oposición a la doctrina anterior, y quizás inconsecuente con el sistema de Derecho positivo) usualmente genera reacciones de variable rapidez en los distintos formantes jurídicos.

Por otra parte, el proceso de elaboración de leyes de la Unión Europea impone procedimientos particulares de redacción jurídica, tal como, por ejemplo, recopilaciones paralelas de textos, lo que implica influencia inter-lingual recíproca[10].

Por último, hay muchos neologismos o reasignaciones semánticas a términos en el idioma nacional para indicar innovaciones en la legislación (por ejemplo: «firma electrónica» (italiano: «firma elettronica», una copia del inglés) y mecanismos funcionales de las instituciones (por ejemplo «procedimiento de codecisión», una copia del francés).

Mientras que los traductores se encuentran preocupados, estos casos no ayudan para realizar la elección entre las dos opciones siguientes: si el lenguaje jurídico utilizado para los actos jurídicos de la Comunidad deben hacer referencia a las características de la cultura jurídica propia del sistema comunitario o a la nacional, aunque los métodos estandarizados de traducción y la confianza en las bases de datos de términos conducen los textos más hacia la denotación de como es entendido por la Comunidad.

En cualquier caso, la incertidumbre entre los traductores dificulta su conciencia del rol que desempeñan en el logro de coherencia o logro de otro tipo en la legislación europea.

La elección de ciertos términos sobre la base de su asociación normal con la cultura jurídica del Estado que recibe los cambios de la ley, de hecho, la naturaleza de la acción comunitaria, desde que las Directivas se «nacionalizaron». Un típico ejemplo lo encontramos en la expresión «período de reflexión» en la legislación de protección al consumidor: este concepto fue traído de la legislación nacional italiana

---

10 Para una crítica del lenguaje como una estructura unitaria, desde una perspectiva general, ver: VOEGELIN, C. F., «Casual and Noncasual Utterances within Unified Structure», en SEBEOK, T.A. (ed.), *Style in Language*, Londres, 1960, p. 57.

en las Directivas de la Comunidad en referencia a una idea de «Derecho de rescisión/retirada» (en idioma italiano.: diritto di recesso), sin considerar que el término se refiere a un concepto jurídico con diferente ámbito de aplicación ex art. 1373 del Código Civil italiano[11].

Por otro lado, cuando se eligen términos cuya principal conexión es con la cultura jurídica de la Comunidad, tal como «gobernanza», las leyes son más difíciles de asimilar en los contextos nacionales, pero la coherencia formal de la legislación de la Comunidad se preserva.

Una perspectiva sobre «el lenguaje del derecho» implica el empleo de una gama de técnicas de investigación, con la asistencia de expertos en lingüística[12]. Para la búsqueda de la coherencia del Derecho privado europeo, podría ser útil describir brevemente las líneas generales de la técnica de investigación terminológica. La terminología es útil para el estudio de la convergencia del Derecho privado europeo, ya que limita la complejidad de los datos lingüísticos y los niveles de análisis del discurso a un estudio del vocabulario jurídico especializado, describiéndolo no tanto por medio de definiciones indeterminadas y accesibles al uso ordinario[13], sino más bien a través de relaciones conceptuales y usos[14].

La cuestión de la terminología ha sido subestimada entre los juristas en el debate académico sobre el Derecho europeo, con la excepción de algunas críticas provechosas por especialistas en Derecho Comparado[15], y ahora está siendo abordada de manera inexacta.

Esta imprecisión es también, paradójicamente, una característica de algunas posiciones adoptadas por la Comisión de la Unión Europea en relación al problema de la coherencia del Derecho privado europeo.

---

[11] Véase POZZO, B., *Harmonisation*, cit.

[12] Sobre el valor de la investigación lingüística semántica en el análisis de la polisemia, véase DURIEUX, C., «Traduction et linguistique textuelle», en *Terminologie et traduction*, 1, 1997, p. 50; LERAT, P., «Vocabulaire juridique et schémas d'arguments juridiques», en *Meta*, XLVII, 2, 2002, p. 155.

[13] Véase GÉMAR, J.C., «Le plus et le moins-disant culturel du texte juridique. Langue, culture et équivalence», en *Meta*, XLVII, 2, 2002, p. 163.

[14] Para una introducción al tema, véase SANDRINI, P., *Terminologiearbeit im Recht. Deskriptiver begriffsorientierter Ansatz vom Standpunkt des Übersetzers*, Wien, TermNet, 1996.

[15] POZZO, B., *Harmonisation cit.*

En la conocida «Comunicación del 2003»[16], dedicada al Derecho contractual, la palabra «terminología» no es empleada de manera correcta. En algunos casos es utilizada para referirse a la búsqueda de principios comunes[17]; en otras ocasiones es utilizado en relación a un conjunto de conceptos, o como sinónimo de la expresión «categoría jurídica»[18]. En general, el uso de la palabra «terminología» por la Comisión implica una relación con conceptos jurídicos y parece referirse al pensamiento filosófico en lugar de a la práctica del Derecho privado.

4. Conclusiones

Para concluir, y para mantener el enfoque en la relación entre el pluralismo lingüístico y la búsqueda de la coherencia en el Derecho privado europeo, parece evidente que la construcción de un «Marco Común de Referencia» presupone una reevaluación de cómo es comprendido el Derecho de la comunidad en los numerosos contextos nacionales. La atención prestada por la Corte Europea de Justicia para el reconocimiento de una connotación exclusiva de la Comunidad[19] a los textos jurídicos, probablemente se deriva de manera inmediata de su acercamiento teleológico.

Sin embargo, esta orientación parece carecer de un punto central en la búsqueda de una «marco común».

Un análisis sistemático del Acquis, cuando es promovido por la Corte, es capaz de reforzar la coherencia del Derecho privado europeo, de la misma manera que la identificación de principios generales por

---

16 COM(2003) 68 def.

17 Véase para. 4.1.1 n. 59. «Un marco común de referencia, estableciendo principios comunes y una terminología en el área del Derecho contractual europeo es visto por la Comisión como un paso importante hacia la reforma del Derecho contractual del acquis».

18 Véase para. 4.1.1 n. 62: «la Comisión puede utilizar este marco común de referencia en el área del Derecho contractual cuando el acquis existente es revisado y nuevas medidas propuestas. Debe estipular mejores soluciones en condiciones de una terminología y normas comunes, por ejemplo, la definición de conceptos fundamentales y términos abstractos tales como «contrato» o «daño» y de las normas a aplicar, por ejemplo, en el caso de incumplimiento de los contratos».

19 Véase WEATHERILL, S., «Why Object to the Harmonization of Private Law by the EC?», en *5 European Review of Private Law*, 2004, pp. 633, en particular el 637.

medio de la jurisprudencia (tales como proporcionalidad y supremacía, por citar dos ejemplos conocidos) puede ser útil para concertar al Acquis con las nuevas soluciones judiciales emergentes de la jurisprudencia. Sin embargo, esta tarea cognitiva de reconocer la trascendencia de las leyes sigue siendo independiente de la tarea de identificar las categorías y conceptos en los sistemas jurídicos nacionales.

De hecho, existe una distinción entre el significado contextual de un término (o expresión) y el significado conceptual del mismo término: mientras que el primer significado debe ser derivado del estudio del contexto, el segundo tiene que ver con el tipo de información que puede ser transmitida dejando de lado el contexto lingüístico. Por ejemplo, las directivas contienen normas («remedios en caso de falta de conformidad»)[20] y definiciones («productoras»)[21] que han de entenderse en su contexto (en asociación con otros términos presentes en el mismo texto) y en algunos casos de la interpretación sistemática de la Corte Europea de Justicia, en correlación con otros textos (otras directivas en el ámbito de protección al consumidor). De no ser así, los conceptos judiciales/jurídicos operan de modo axiológico, como un paradigma evaluando la conformidad del significado manifiesto en el contexto de la legislación europea con el sistema jurídico nacional. Estos ejemplos son utilizados como referencias para cada sistema particular de Derecho privado nacional.

Retomando el ejemplo dado de falta de conformidad, la palabra «conformité» en el sistema jurídico francés está vinculado a la categoría «conformité du produit vendu» y «vice caché». Asumiendo que el significado es la representación de un ítem lexicográfico presente en un determinado discurso de la Comunidad, un análisis del impacto de la legislación comunitaria en los sistemas nacionales de Derecho privado deja claro que existe un segundo significado a ser encontrado junto al principal. Evidentemente, el problema deviene mucho más complejo cuando la representación no se refiere a un término particular (por ejemplo, la noción de «consumidor»), sino a una serie de referentes que mantienen un conjunto complejo de conceptos y normas[22].

---

20 EC Dir. 99/44, Art. 3.

21 EC Dir 85/374 Art. 3.1.

22 Un ejemplo significativo es proporcionado, por ejemplo, por la coordinación entre los recursos bajo la Directiva de la Comunidad Europea 99/44 y los diferentes proyectos contractuales nacionales por obligación.

Si queremos centrar nuestra atención en la importancia de los referentes, la perspectiva proporcionada por un simple análisis de los textos jurídicos de la Comunidad y la aplicación de la jurisprudencia debe ser reconocida como inadecuada; por la misma razón, la búsqueda de coherencia terminológica en el Acquis, incluso si es muy provechosa, es insuficiente, en el sentido que sólo promueve la comprensión del significado de lo que las disposiciones comunitarias establecen para los Estados miembros. Estas disposiciones son consideradas en parte incoherentes, a nivel nacional, y buscar sólo su significado contextual no es, por tanto, de mucha utilidad para reducir la incoherencia.

El enfoque nacional, por el contrario, requiere de deconstrucción y reconstrucción concordantes con los puntos cardinales de referencia. Esto sólo puede lograrse con la cooperación de los legisladores de la Comunidad: el lenguaje especializado utilizado por la Comunidad debe, de hecho, tomar en mayor consideración la conceptualización de los usuarios-finales nacionales, con el objetivo de mejorar la comprensibilidad y la «coherencia sistemática» de los principios, normas jurídicas y la terminología jurídica europea.

Históricamente, la tarea de otorgar «significado» al lenguaje de las leyes fue desarrollado por una variedad de actores en la sociedad; hoy en día, la identificación de conceptos comunes es labor principalmente de comentaristas académicos; en esto, sin embargo, deben contar con el auxilio de una metodología precisa, que no se centre exclusivamente en las leyes y que esté libre de los cánones de la *function-driven*, metodología teleológica utilizada por el Tribunal Europeo de Justicia.

Con el fin de contribuir a la consolidación de una cultura jurídica común, este método debe favorecer la lectura de-contextualizada de los textos jurídicos, en la búsqueda de conceptos constitutivos que permitan el razonamiento jurídico coherente entre el nivel comunitario y los niveles nacionales. Superado el primer nivel, el análisis debe conducir a una comparación con el sistema de nociones perteneciente a los sistemas jurídicos nacionales, por medio de una amplia descripción de los diversos usos de los conceptos que representan términos jurídicos[23].

---

[23] Un intento temprano y experimental en esta dirección ha sido realizado con el proyecto *Legal Taxonomy Syllabus*, una base de datos desarrollada por un grupo de investigación coordinado por el *Departamento de Ciencias Jurídicas* (Law Dept.,) en la Universidad de Turín; el proyecto (www.eulawtaxonomy.org)

Este enfoque se basa en el reconocimiento que el lenguaje tiene un poderoso efecto formativo en la legislación y que existen una multiplicidad de comunidades interpretativas dentro de la unidad del ambiente de la Unión Europea, que se comunican de manera no jerárquica. Además, el derecho de la comunidad impone vínculos obligatorios entre los niveles nacional y supranacional, y ello establece una circulación de normas, en la que el lenguaje crea soluciones que pueden ser independientes de los significados locales.

Encontrar tales soluciones, a través de un estudio de las definiciones de los términos utilizados por los juristas e intérpretes puede alentar la resolución de la incoherencia y las tensiones destructivas en el ámbito del Derecho privado europeo, un sector que se inclina a la armonización, pero que sigue siendo rehén de las tendencias pluralistas bajo la bandera del pluralismo lingüístico.

---

se dirige a presentar una definición más completa de los términos empleados a nivel del Acquis y en los sistemas jurídicos nacionales de cinco sistemas jurídicos de la Unión Europea (Francia, Alemania, Inglaterra, Italia y España), en el campo de Derecho del consumidor.
Los términos elegidos para desarrollar el *Syllabus* son aquellos considerados importantes en el contexto del Derecho contractual europeo, tanto desde el punto de vista de la categorización (tales como «daño», o «firma del contrato», o «publicidad engañosa», como de los diferentes puntos de vista interpretativos. Véase ROSSI, P. y VOGEL, C., «Terms and Concepts: Towards a Syllabus for European Private Law», en *European Review of Private Law*, 2004, p. 293; AJANI, G. y EBERS, M., (eds.), *Uniform Terminology*, cit.

La «*Rule of Law*» en China*

Gianmaria Ajani

* Traducción, al idioma castellano, autorizado por el autor, de Carlos Antonio Agurto Gonzáles y Sonia Lidia Quequejana Mamani.

1. *Rule of Law* y reforma jurídica: el caso de los países en transición y comparación con la experiencia china

Es difícil encontrar un tema al cual se debería aplicar la opinión expresada por Zhou ENLAI, a un entrevistador que le interrogaba sobre el significado de la revolución francesa para el pensamiento político europeo: «Es demasiado pronto para que se pueda expresar algo» fue la respuesta.

Sin embargo, la expresión *Rule of Law* en China abre, en el buscador Google, millones de referencias; la literatura jurídica de producción occidental sobre el tema es inmensa y recientemente se ha dedicado una monografía de 640 páginas[1] dedicada a la «larga marcha de China hacia la *Rule of Law*». Los colegas chinos no se quedan atrás: numerosos artículos en idioma o en traducción en inglés sobre los desarrollos de la noción[2]. Indudablemente, la reciente adhesión a la Organización Mundial del Comercio[3] y la calificación de algunos criterios (transparencia del proceso administrativo, publicidad y conocibilidad de las normas) como «elementos de la *Rule of Law*» han favorecido la multiplicación de los comentarios, pero el interés es incluso anterior, como demuestra la literatura china ya desde los años 80[4].

---

1 PERENBOOM, R., *China's Long March Towards the Rule of Law*, Cambridge Univ. Press, Cambridge, 2002.

2 Véase, por ejemplo: SHEN, Yuanyuan, «Conceptions and Receptions of Legality: Understanding the Complexity of Law Reform in Modern China», en TURNER, K. G. (al cuidado de), *The Limits of the Rule of Law in China*, University of Washington Press, Seattle, 2000, p. 20; XIANFU, Jiang, «Fazhi de wenhua lunli Jichi ji qi Goujian», en *Falü Kexue*, 1997, n. 6, p. 3

3 En la amplia literatura sobre el tema de la adhesión de China a la OMC es necesario indicar el útil volumen al cuidado de CASS, D., WILLIAMS, B. G. y BAKER, G., *China and the World Trading System. Entering the New Millenium*, Cambridge Univ. Press, 2003.

4 JINGYE, Liao, «Fazhi he renzhi meiyou juedui», en *Faxue* Y*anjiu*, 1980, n. 4, p. 63.

Cediendo al gusto de la metáfora, la noción puede ser entendida como un poliedro que expresa los más diversos significados según el punto de vista del observador. Sin embargo, parece muy fácil liquidar la noción y a su mediático éxito, como el eco de un tema vacío, de un concepto global que no porta con sí nada más que su nombre, una suerte de palabra clave de justificación útil sólo para tratar en términos generales el rol actual y el futuro del Derecho en China, en fondo semejante y a otras expresiones, eslogan o vagas, utilizadas para favorecer la interferencia de organismos internacionales en el proceso de reforma legislativa (pensemos en términos como «*governance*» o «*good governance*»).

Indudablemente, un vínculo estrecho conecta la *Rule of Law* a la noción de «transición»: constituye prueba el éxito de la expresión, traducida -en el contexto continental, como Estado de Derecho, *Rechtsstaat* y con los moldes originados por la anterior traducción rusa- en las constituciones adoptadas posteriormente a 1991, en los países surgidos inmediatamente a la extinción de la Unión Soviética: con ello se tiene una manifestada voluntad de adhesión a estándares de «calidad» de la legislación promovida por el exterior.

Es evidente el caso de la Unión Europea; el proceso de alargamiento ha sido inaugurado al inicio de los años 90 por la inclusión de la referencia a la *Rule of Law* dentro de los acuerdos de asociación entre las Comunidades y los Estados de Europa centro-oriental[5]. Una aproximación que se ha replicado incluso recientemente en las comunicaciones de la Comisión relativas a la asociación con China[6].

---

5 MINESHIMA, D., «The Rule of Law and EU Expansion», en *24 Liverpool Law Review*, 2002, p. 73. El autor insiste sobre la consideración que la noción, más que ser definida por las instituciones comunitarias, es vista como «criterio de acción» para la reforma de las instituciones. Esto convertiría en prácticamente imposible una verificación técnica, jurídica de la conformidad de los sistemas jurídicos de los países de próxima adhesión a los *estandares* de la Unión Europea (pp. 77 y ss.).
Sobre la originaria ambigüedad del concepto de *Rule of law*, en el contexto del *common law*: HORWITZ, M., «The Rule of Law: an Unqualified Human Good?», en *86 Yale Law Journal*, 1977, p. 561; una aproximación escéptica en SCALIA, A., «The Rule of Law as a Law of Rules», en *56 Univ. of Chicago Law Rev.*, 1989, p. 1175.

6 La Comisión ha definido en un documento de orientación del 10 de septiembre del 2003 (COM (2003) 533 y Boll. 9-2003, punto 1.6.116.) los nuevos intereses y los desafíos comunes hacia una «asociación madura» con China. En particular, esta ha definido cinco sectores prioritarios de acción: dialogo político

Semejante a la experiencia de los Estados post-comunistas que ha incluido la noción en el cuadro constitucional, incluso en el caso chino tiene un significado, al mismo tiempo, reactivo, de diferenciación respecto al pasado (y, por tanto, contra el principio maoísta «sí al gobierno del hombre, no al gobierno de la ley»: *Yao ren zhi, bu yao fa zhi*) y de declamación de la adopción de principios de modernización económica.

Además, la analogía con el caso de los países post-soviéticos, es abandonada rápidamente: en efecto, me parece evidente que el caso chino de introducción del estándar «Estado de Derecho» se diferencia por la originalidad del proceso. Un proceso que, más bien, retoma el filo interrumpido del nihilismo jurídico comunista, el cual presenta la búsqueda de los estándares que se vinculaba a la noción de Estado de Derecho como absolutamente nueva respecto al pasado.

En efecto, en el caso chino no existe, si se quiere considerar la experiencia de *Rule of Law* en Hong Kong[7] anteriormente a la reunión, un pasado al cual retornar; que en el pasado brevísimo y frágil, de búsqueda de los principios de democracia liberal, que ha sido utilizado por algunos políticos y juristas rusos para acompañar, aún en época gorbachesca, la recuperación de la noción de Estado de Derecho, contra la ambigua noción de «legalidad socialista» es, en el caso chino, del todo ausente.

Además de la gran cantidad de los comentarios sobre el rol del Derecho en China, es posible identificar una originalidad de la noción en el caso chino, que estimula a tomar «jurídicamente en serio» la serie de reformas anunciadas por el XV Congreso del Partido de 1997

---

y *governance* mundial, apoyo a la transición de China hacia una sociedad abierta fundada en el Estado de Derecho y en el respeto de los derechos humanos, promoción de la apertura económica de China al interior y al exterior, programa de cooperación de la Unión europea, mayor atención de la Unión en China. El consejo ha aprobado estas orientaciones en sus conclusiones del 13 de octubre.

Hills, M., «The Rule of Law and Democracy in Hong Kong - Comparative analysis of British Liberalism and Chinese Socialism», en *Murdoch University Electronic Journal of Law, 2002,* http://www.murdoch.edu.aun/elaw/. Recientemente, el principio de la *rule of law* ha sido invocado en los comentarios oficiales para sostener la oportunidad de una interpretación de anexos a la *Basic Law* de Hong Kong por parte del Comité Permanente de la Asamblea del Pueblos; Cfr. People's Daily, 26 de marzo del 2004, p. 3.

es introducida por la célebre reforma constitucional de 1999, que ha reunido en un artículo (art. 5) una declaración (existencia del principio de legalidad) y a una promesa (edificación del Estado del Estado). Existe, así, una modalidad de observación de la noción de la *Rule of Law* en China, que consiste en el análisis de los obstáculos que se entrecruzan en la mesa en el momento de la promesa constitucional o porque es determinado por las elecciones políticas del pasado o porque son dejados de lado a continuación de las nuevas contradicciones del reciente sistema normativo.

Esta modalidad, que podríamos definir funcional, de análisis es, desde mi punto de vista, el ejercicio más útil a la comprensión de las transformaciones del sistema jurídico chino.

Premisa en este ejercicio es un discurso sobre los intentos de parametrar el proceso de adecuación del sistema jurídico chino en *standards* del Derecho occidental que históricamente han representado el contenido de la noción de *Rule of Law*. Respecto a esto, no creo que sea oportuno considerar sumariamente a estos intentos como inútiles: se presenta un aspecto de vacuidad en la comparación entre culturas jurídicas y políticas extremadamente distantes o medidas seguramente imposibles para el jurista, pero probablemente incluso para el sociólogo o el economista cuantitativo, existe, además, una perspectiva por considerar, que se relaciona con la globalización y representa el cambio de la atención del análisis formal y del funcionamiento de los sistemas jurídicos.

En otros términos, observamos la tendencia, verdaderamente global, capaz de desplazar «la carga de la prueba» sobre la presencia de un sistema jurídico calificable como «Estado de Derecho» desde el poder legislativo al poder ejecutivo: una tendencia global, porque se encuentra en los documentos del Banco Mundial de los dos primeros años de esta década que se evidencia la insistencia en el análisis de efectividad de los sistemas jurídicos, comprendida como examen:

- de la credibilidad de los encargos asumidos a nivel declamatorio y
- de la efectividad de las normas presentadas a actuar en las instituciones.

Este método es difundido también por la Organización Mundial del Comercio, de la Comisión de la Unión Europea, del Departamento para el comercio de los Estados Unidos, que ha instituido una comisión mixta con el Congreso dedicada a la *Commercial Rule of Law in China*[8]. Se trata de un método que tiene, al menos a nivel central, particular significado en China, en cuanto en el proceso de legislación se presenta en el incontestable control del poder ejecutivo, como los procedimientos de aprobación de las más de 300 leyes por parte de la Asamblea Nacional han demostrado, entre los *años 1978 hasta hoy*[9]. La situación no es diferente a nivel local y cuando una Asamblea provincial rechaza un proyecto de ley propuesto por el ejecutivo, es decir, es noticia en todos los diarios.

2. Tres factores de originalidad en las concepciones sobre la *rule of Law* en China

Se pueden señalar factores de originalidad: el primero de estos reside en la identificación por parte del Partido de la noción como fuente de una nueva legitimación de las reglas; esto representa una aceleración importante ya sea respecto al simple principio de tutela de la legalidad, ya sea respecto al programa de separación de los órganos del Estado del Partido, iniciado ya por Deng en 1980, interrumpido después de 1989 y posteriormente retomado pero no completado (es de recordar que ni el doble sistema de control de las cortes, ni el involucramiento del partido en la lista de los jueces tienen un fundamento constitucional formal).

Esta nueva legitimación se dirige a enraizarse, como podemos obtener del análisis de las resoluciones promovidas por los *leader* del partido en 1999 hasta hoy, en un doble criterio:

- moral[10], que privilegia la referencia en los documentos políticos del Partido, y de

8 Para una definición de la noción de *Commercial Rule of Law*, que es evidentemente reductiva de la concepción plena de *Rule of Law*, limitando su alcance al Derecho de la economía, véase la página web de la Comisión mixta del Congreso de los Estados Unidos y del Departamento para el comercio: http://www.cecc.gov/pages/virtualAcad/commercial/index.php

9 Vinculado a este punto es el aspecto del estilo de la legislación y de las relaciones entre contenido y normatividad de las leyes y de las necesidades, motivada incluso por razones de eficiencia económica de un dictado normativo más previsible en sus fines.

10 Cfr. People's Daily, *Integrating Rule of Country by Law and by Morality*, 1 de febrero del 2001, p. 1.

- eficiencia económica, que privilegia el requisito de la estabilidad del poder.

La insistencia sobre la necesidad de una producción y aplicación de las reglas fundada en tales criterios favorece la transferencia de responsabilidad por el Partido a las instituciones del Estado y de las administraciones provinciales y locales, asimismo una percepción colectiva de las ineficiencias del sistema como déficit transitorio de realización de las reformas jurídicas. Se presenta de manera profunda, entonces, la diferencia con los sistemas monopartidistas de tipo soviético, que hasta la última fase de sobrevivencia han buscado en una continua corrección del código de la ideología inspiradora para una residual legitimación.

Un segundo factor de originalidad en los planteamientos sobre la *Rule of Law* en China está representado por la identificación de las nuevas incoherencias que surgen como obstáculos en el proceso de reforma jurídica; me limito a mencionar dos de estas incoherencias, vinculadas a la pareja de criterios antes mencionados como fundamento de legitimación:

- la tensión entre el énfasis sobre el deber moral de luchar contra la corrupción y la dificultad para los medios de comunicación y la sociedad civil de tener voz en el tema;
- la tensión entre la búsqueda de una sistema judicial más confiable, a fin de una mayor eficacia en las relaciones de Derecho privado y la reticencia del ejecutivo a ocuparse en una reforma estructural de la justicia que supera la aproximación experimental de ciertas provincias y de las intervenciones *ad hoc* de la Corte Suprema, dirigidos a contener los problemas más agudos en la administración de la justicia.

Sobre estos dos aspectos se tiene que indicar que incluso los observadores más dispuestos a reconocer que el proceso de transformación del Derecho chino es amplio, se encuentran en dificultad: a las conocidas carencias de preparación y a la confiabilidad del personal judicial se agregan, en efecto:

- el problema, antiguo, pero agravado por la intensa producción normativa a todos los niveles de la administración estatal, de la ausencia de control de conformidad entre legislación superior e inferior; incluso recientemente, los casos raros de denuncia de incompatibilidad entre normas de nivel interior y normas superiores por parte de jueces son tratados como casos de exceso de poder por parte del juez; esto no excluye, además, entre los autores chinos sobre las diversas posibilidades y modalidades de control constitucional haya alcanzado una intensidad notable;

- el problema, más reciente, de un sistema judicial que refleja las distorsiones competitivas entre las administraciones locales sin poder utilizar los correctivos típicos de un sistema federal.

Ni se evidencia en el legislativo, que incluso formalmente tiene amplios poderes en materia de control de constitucionalidad y de gestión de la administración judicial, voces para una reforma estructural; la única nota de tensión es representada, en los últimos años, por un relevante porcentual de los miembros de la Asamblea que no aprueban la relación general del Procurador o del Presidente de la Corte Suprema.

Quisiera, como conclusión, indicar el tercer elemento de originalidad en los planteamientos sobre la *Rule of Law* en China incluso la «paradoja china»: la falta de un claro nexo de causalidad entre proyección de la *Rule of Law* y *performance* económica.

El problema es, como se sabe, definido como paradojas, en cuanto la progresión económica china parece representar, unidamente a otros casos asiáticos, una negación de las teorías sobre el vínculo necesario entre *property rights*, *Rule of Law* y buen funcionamiento de la economía, que han inspirado quince años de política económica de las organizaciones financieras internacionales, desde el fin de la guerra fría.

Entonces, a lado de los argumentos puramente especulativos, me parece interesante la importancia, presente en los trabajos de ciertos economistas chinos, del rol de *start up* desarrollado por una economía privada que ha podido crecer sobre la base de mecanismos de tipo informal y familiar que son lejanos de la caracterización de la *Rule of Law* como tutela formalizada de relaciones propietarias y contractuales entre extra*ños*.

Por ello, en parte se explica la paradoja china, tal explicación nos indica incluso la naturaleza transitoria, e incluso importante, del factor de crecimiento económico. La reciente formalización constitucional plena del Derecho de propiedad privada y la modalidad, negociada y ampliamente participada y discutida por la doctrina, de preparación del proyecto de ley sobre la propiedad, aprobada por la Comisión Permanente de la Asamblea Nacional del Pueblo en junio del 2005, nos confirman que la transformación del Derecho chino tiene, diversamente de otras experiencias de introducción traumática o imitación, de modelo de derivación externa, una propia lógica, diseñada por el Partido y condicionada por la presencia de factores de dependencia del pasado.

A esta lógica se aúna, ahora en modo fuerte, una consciencia interna por parte de la doctrina jurídica china y de la profesión forense sobre la naturaleza «dinámica» de los enunciados normativos: estos representan una síntesis extrema de los rasgos formales caracterizantes de la noción tradicional de *Rule of Law*: -reconocimiento y tutela de los Derechos de propiedad y de la iniciativa económica, y -reconocimiento y tutela de los derechos fundamentales de la persona.

Las reformas constitucionales no son consideradas, desde mi punto de vista, como palabras de simples enunciados: obviamente, es el contexto de aplicación, el lado institucional, que hace la diferencia entre enunciados formales y práctica del derecho, sino el reconocimiento constitucional desarrolla determinados efectos:

- de reforzamientos (interno y externo) de la legitimación del Partido en el sentido antes indicado (y un comunicado del PCC de comentarios a las enmiendas del 2004[11] hace referencia al reforzamiento de la *leadership* del Partido, el mantenimiento de la unidad nacional y de la estabilidad social, la promoción de las reformas económicas como motivos principales para la serie de enmiendas);
- pero también de legitimación del debate jurídico sobre los Derechos de la persona en China.

Por el momento es del todo imprevisible si, en un posterior término de tiempo, las reformas constitucionales del 2004 y la discusión que lo han acompañado en los años sucesivos puedan favorecer las presiones para la adopción de un mecanismo de control constitucional, o si,

11 Véase una síntesis en *The Democratic Rule by the Communist Party of China*, www.china.org.cn/english/GS-e/44.htm

más bien, el espacio de acción que indica la reforma del art. 33 de la constitución, representará, en el plano de la efectiva realidad del sistema, un freno.

Entonces, al menos sobre este punto nos conformamos con la indicación de Zhou Enlai, reconociendo que es demasiado pronto para expresar algo.

Derecho Comparado y Teoría jurídica
de Gianmaria Ajani y Michele Graziadei,
se imprimió en la República Argentina
en diciembre 2017

www.ingramcontent.com/pod-product-compliance
Lightning Source LLC
LaVergne TN
LVHW082240051026
849532LV00012B/4055
* 9 7 8 9 5 6 7 7 9 9 4 2 8 *